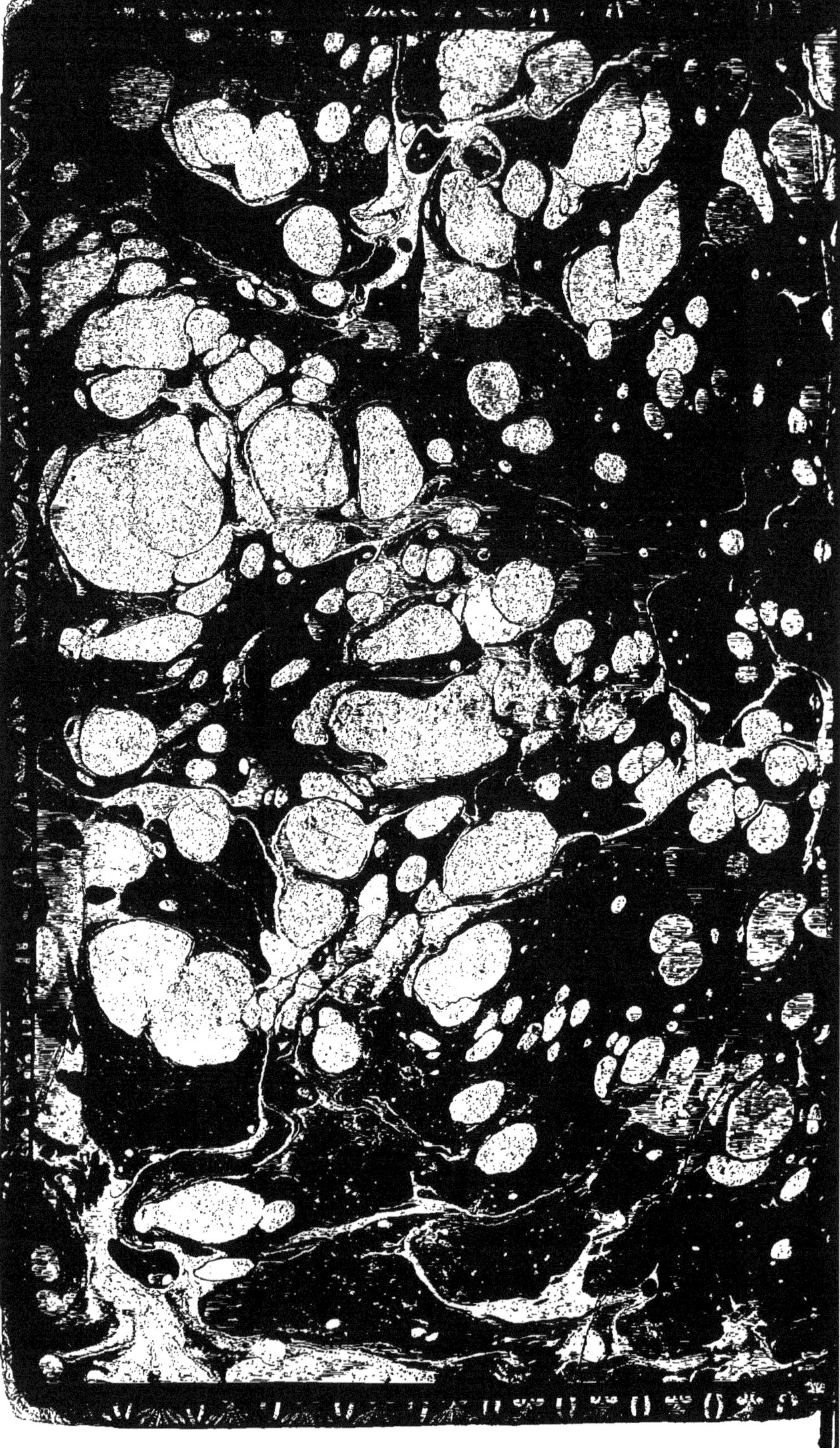

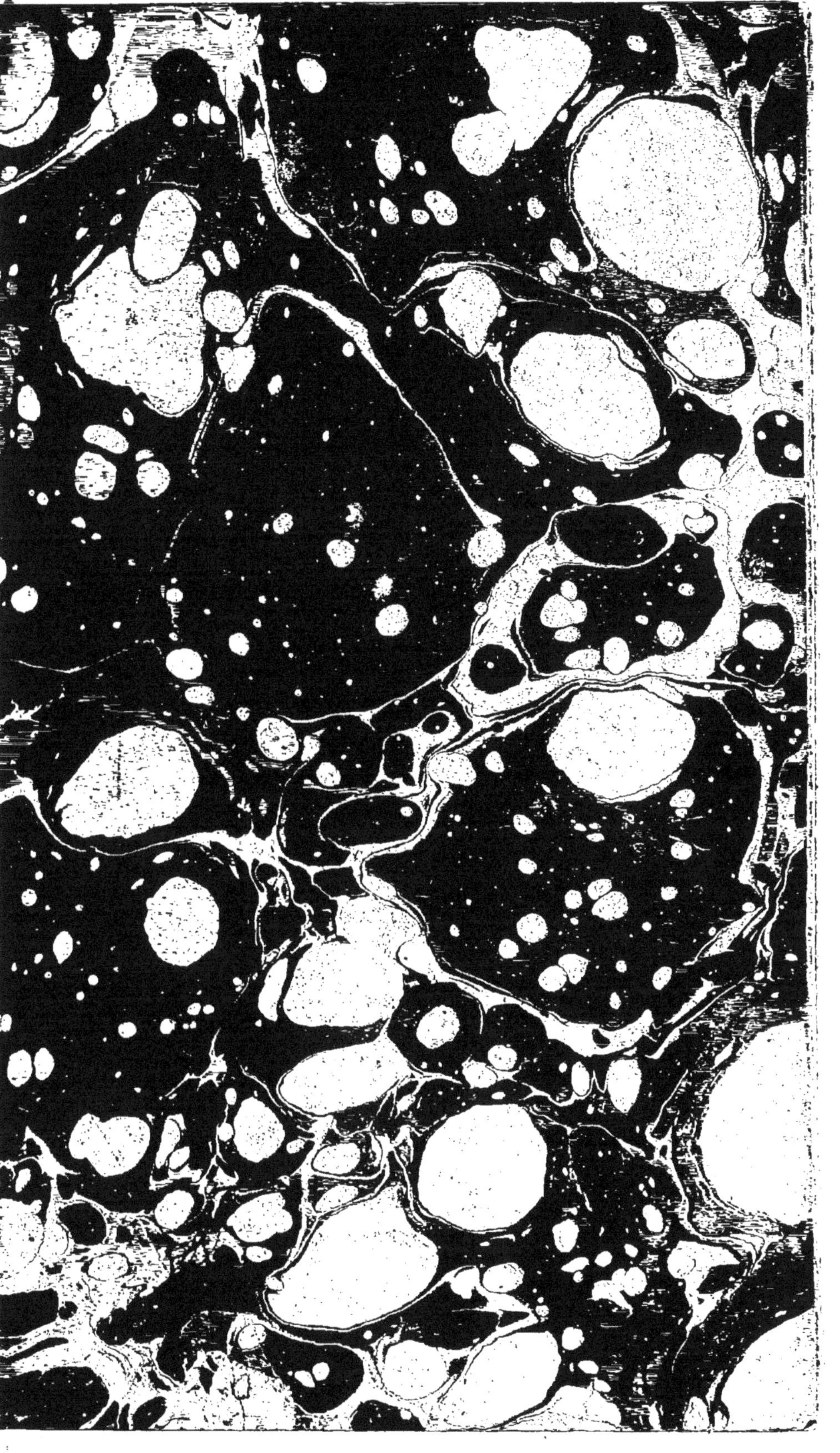

LETTRES
SUR
L'IMAGINATION.

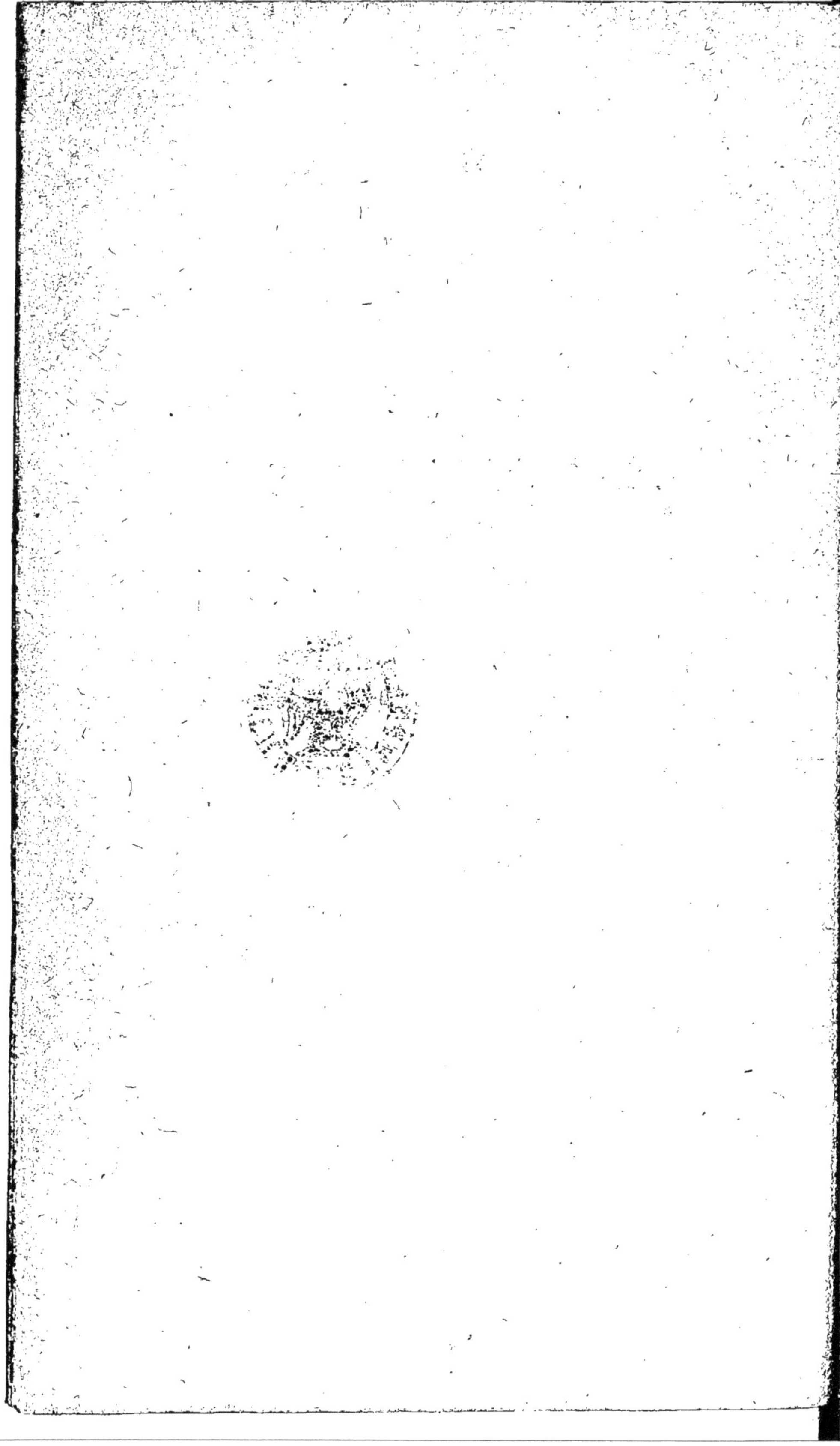

LETTRES

SUR

L'IMAGINATION,

PAR M. MEISTER.

A LONDRES,

Chez Bell, libraire de S. A. R. le prince de Galles, dans le Strand.

1799.

A MON AMI

LÉONARD MEISTER.

Zurich, ce 22 mars 1798.

L'INTÉRESSANT jeune homme à qui ces Lettres étoient adressées, n'est plus.

A sigh the absent claims, the dead a tear... (1)

C'est à vous aujourd'hui, mon plus jeune et mon plus ancien ami, que j'ose offrir l'hommage de ce léger travail. Après plus de vingt ans d'absence, qu'il m'est doux de me retrouver avec vous dans mon heureuse patrie, et de vous

(1) *L'absent réclame un soupir; celui qui n'est plus, une larme.*

retrouver toujours le même ! Avec quel intérêt n'ai-je point appris qu'à deux cents lieues de distance, sans nous en prévenir, nous nous étions occupés du même objet ! J'ignore si le public, en comparant nos ouvrages, daignera nous en savoir gré. Mais pour moi, ce n'est pas seulement un plaisir d'amour-propre ; c'est un sentiment plus cher à mon cœur, dont je jouis, en voyant que votre pensée et la mienne se sont rencontrées assez souvent, quoique nous ayons suivi des routes très-différentes. Je chéris tous les rapports qui me rapprochent de vous ; et la diversité d'opinion la plus décidée ne sauroit altérer le charme des nœuds qui nous lient depuis notre enfance !

LETTRES
SUR
L'IMAGINATION.

PREMIÈRE LETTRE.

« DANS les tems d'orage, disoient les Grecs, consulte l'Écho. (1) » Ce n'est pas là, mon cher Hypolite, une idée de législateur, mais une idée de philosophe. Peut-être n'est-il aucune époque, quelque menaçante, quelque dangereuse qu'elle puisse être, où l'homme vertueux se croie dispensé de servir son pays de tous les moyens que l'étendue de ses facultés ou la fatalité des circonstances laissent à sa disposition. Cependant, je l'avoue, en ad-

(1) Dans les tems de troubles, cherche à la campagne le repos de la solitude.

mettant même qu'il ne soit aucun crime, aucune injustice publique ou particulière, qui nous donne le droit de rompre absolument tous les liens par lesquels nous tenons à la patrie, j'ose croire du moins qu'il peut nous être permis, sans trahir aucun de nos devoirs, d'isoler quelquefois notre pensée, pour la préserver des influences d'une contagion trop générale ou trop funeste. En réduisant ainsi le sens de mon vieux précepte, vous n'y trouverez, je crois, rien que de sage et de louable. En effet, il est presque impossible que la violence de toutes les passions, le choc tumultueux de tous les intérêts, que fait fermenter une grande révolution politique, n'altèrent pas les affections les plus naturelles du cœur humain, les notions les plus simples d'un esprit calme et droit. C'est pour éviter ce danger, mon cher Hypolite, que je veux détourner enfin mes idées des objets qui nous ont si fort occupés depuis quelques années, et les porter sur un sujet entièrement étranger à ces pénibles discussions. Soyons toujours au poste où nous nous croirons appelés par notre amour pour la liberté, par notre respect pour la justice. Mais laissons-là les sombres labyrinthes de la politique, pour rentrer paisiblement en nous-mêmes, et pour faire, s'il est possible, quelques découvertes nouvelles sur la disposition intérieure de nos propres facultés, sur la nature du principe qui les dirige, ses différens ressorts, et leurs mouvemens plus ou moins réguliers.

Il me paroît assez naturel de présumer, (car que savons-nous ?) il me paroît, dis-je, assez naturel de présumer, avec la plupart de nos métaphysiciens modernes, que le principe de toutes nos facultés intellectuelles est un, et que ce qu'on a long-tems appelé les différentes facultés de notre âme, ne sont que des modifications différentes, ou des modes d'agir différens du même principe. Mais de ces modes, nous n'en connoissons, ou pour mieux dire, nous n'avons essayé d'en connoître que deux ou trois. Nous avons tâché de savoir à-peu-près de quelle manière nous viennent nos idées, comment nous en gardons le souvenir, et par quelle méthode nous pouvons les combiner entre elles, pour en tirer de nouveaux résultats; en un mot, nous avons fait quelques pas dans l'étude des procédés qui déterminent le développement le plus sensible, la suite la plus régulière de nos calculs et de nos raisonnemens. Mais est-il bien sûr que ce soit aux calculs, aux raisonnemens, dont nous connoissons le mieux le procédé, que nous devions le peu de vérités que nous avons pu découvrir jusqu'à présent? Seroit-ce bien aux règles de cet art syllogistique, si bien développé par Aristote, si volumineusement commenté par les docteurs de son école, que l'esprit humain seroit redevable des progrès qui l'honorent le plus? J'en appelle aux mânes des Leibnitz, des Newton, des Euler, des Corneille, des Racine, des Molière! Est-ce en suivant ces routes si justement alignées, que leur pensée a pu s'élever à la hauteur de leurs systêmes, aux sublimes créations de leur génie?

Est-ce en suivant ces mêmes routes qu'on est parvenu, le plus souvent, aux inventions les plus simples, mais aussi les plus utiles?

Sans discuter ici la théorie des règles qui nous ont appris à tirer d'un principe clairement établi les conséquences les plus justes, les plus directes, et celles qui le sont le moins, voyons d'abord ce que c'est qu'un principe. Choisissez celui qui vous paroîtra le plus évident de tous; et lorsque vous en aurez fait l'analyse exact, vous jugerez bientôt comme moi, que ces guides infaillibles de notre raison, que ces grands principes ne sont que des manières précises, abrégées, d'énoncer le résultat d'un très-grand nombre d'expériences, qui toutes nous ont paru donner le même produit. Car, est-il une seule abstraction, une seule idée dans notre entendement qui, d'après tous les systêmes connus, soit ou puisse être autre chose que le signe représentatif d'une certaine série d'impressions homogènes? Or, si le rapport de choses ou d'idées auquel vous voulez appliquer votre principe ne se trouve pas compris dans le nombre des expériences dont il énonce le résultat, comment l'application que vous en ferez ne seroit-elle pas fausse, ou du moins fort douteuse ? (1) Frappé depuis long-tems d'une vérité si facile à saisir, je ne puis me défendre d'un sourire d'indignation ou de pitié, toutes les fois que j'entends le respect hypocrite, ou l'imbécile superstition de certains philosophes, ne parler que de leur attachement aux principes, et sacrifier à ce fantôme imposant, jusqu'à l'évidence de leurs propres sentimens, quelquefois même le bonheur et la tranquillité d'une génération entière, puisqu'il est telle erreur de jugement, tel abus

---

(1) L'exception au principe n'est souvent, je l'avoue, que l'application de tel autre principe, plus propre à la circonstance particulière dont il s'agit. Mais il y a quelquefois en morale un sentiment du vrai, qu'il faut aller chercher au-delà des limites du principe, comme en poésie, cette grâce qu'on ne trouve qu'au-delà des limites de l'art, *di là dell' arte*, dit, je crois, Crudeli.

de mots dont les conséquences n'ont été ni moins étendues, ni moins désastreuses !

Il se trouve dans les arsenaux de la philosophie scolastique une autre espèce de machine plus admirée encore que les principes, ce sont les axiomes : *Le tout est plus grand que sa partie ; point d'effet sans cause ; tout ce qui existe pouvoit exister*.... Mais que verrons-nous dans tous ces oracles prétendus de l'évidence même, en les rapprochant de la lumière du sens commun, si ce n'est des propositions absolument identiques, la même idée retournée sur elle-même, le même rapport exprimé par deux termes différens ? Or, de quelque manière que nous énoncions que deux c'est deux ; sans le secours de quelque autre procédé, qui n'a peut-être encore jamais été trop bien connu, je doute fort que notre entendement fut parvenu même à comprendre que deux et deux font quatre.

J'aurois, je l'avoue, infiniment plus de respect pour les définitions que pour les principes et les axiomes, si j'en connoissois de bonnes. Mais les unes, purement nominales, ne servent qu'à rappeler l'idée ou l'objet dont il est question; les autres sont toujours tellement obscures ou tellement incomplettes, que le mot qu'on a voulu définir me présente le plus souvent une idée plus claire, plus sensible, plus étendue que tous les termes de la définition isolés ou réunis. La définition d'ailleurs la mieux faite, risque d'avoir encore le même inconvénient que le principe le mieux établi. L'attribut que je n'ai pu comprendre dans ma définition, parce qu'il m'étoit encore inconnu, peut se trouver précisément avoir l'influence la plus décidée dans le nouveau rapport, dans le nouvel ordre de choses, auquel je croirai pouvoir l'appliquer avec la plus grande confiance.

En examinant ainsi, sans aucune prévention superstitieuse, tous les élémens de notre art de raisonner, il me semble impossible de ne pas reconnoître combien cet art, dont nous sommes si vains, est foible, incertain, défectueux. Les seules méthodes qu'il nous ait apprises ne sont, à les bien juger, que des espèces de formules plus ou moins ingénieuses, propres à noter le souvenir de nos impressions, à les classer avec quelque ordre, à soulager par ce moyen notre mémoire; à faciliter enfin, si j'ose m'exprimer ainsi, le jeu de ses ressorts, quelques vagues que soient les conjectures que nous puissions former sur la nature même d'un mécanisme si simple peut-être dans ses moyens, mais sûrement plus merveilleux encore dans ses effets.

Lorsque nous considérons, mon cher Hypolite, que cet art de raisonner, dans lequel nous avons fait si peu de progrès, n'en est pas moins de tous les moyens de former notre entendement celui dont notre éducation factice, dont nos savantes institutions se sont le plus occupées, l'orgueil de notre philosophie ne peut manquer d'en être fort humilié. Mais notre bonhommie s'en consolera sans doute en voyant que toute longue, toute pénible, toute vaine qu'est l'étude de cet instrument, nous nous en servons beaucoup moins que nous ne l'avions cru peut-être nous-mêmes. Ce n'est pas avec cette logique apprise que nous voyons, que nous sentons, que nous combinons nos idées; ce n'est pas avec elle enfin que nous pensons, et que nous réfléchissons le plus habituellement. Ce qui me paroît encore beaucoup plus certain, c'est que notre conduite et nos actions ne se règlent guères d'après le compas juste ou faux de nos syllogismes ou de nos raisonnemens.

Je suis tenté de croire que les facultés qui pourroient bien avoir le plus de part au développement de nos idées, à la formation de nos sentimens et de nos opinions, à la marche habituelle de nos affections et de notre manière d'agir, sont précisément celles que nous connoissons le moins, que nous avons le moins observées. Voilà, mon cher Hypolite, le champ tout nouveau que j'aimerois à parcourir avec vous, si vous ne craignez pas de m'y suivre.

Je suis fort loin de concevoir un systême ; je n'ai fait qu'entrevoir quelques lueurs. Pour les fixer, pour recueillir en quelque sorte ces foibles étincelles, vous aurez besoin de toute la patience de votre attention, de toute l'indulgence naturelle de votre esprit. Je ne veux avoir que vous pour témoin des premiers efforts de ma réflexion. Vous m'avez dit souvent que l'on avoit eu tant de torts avec les idées nouvelles, que pour les réparer, il falloit même écouter, sans dédain, celles qui ne paroissoient guères mériter cet honneur. C'est-là, mon cher Hypolite, la faveur que j'attends aujourd'hui de votre amitié. En vous écrivant, je ne chercherai qu'à penser tout haut. Mais j'ose espérer que sous vos yeux, ma pensée se montrera tout-à-la-fois plus sage, plus circonspecte et moins timide.

Adieu ; pour reprendre la plume, il faut que j'aie eu le tems d'oublier tout ce que je viens de vous promettre. Car en relisant cette dernière page, j'y trouve une sorte de présomption qui m'embarrasse. Recevez mon tendre hommage.

SECONDE LETTRE.

La nature, mon cher Hypolite, semble avoir voulu se jouer de l'orgueil et des efforts de l'esprit humain, lorsqu'en nous donnant la faculté d'appercevoir un grand nombre d'objets fort éloignés, en apparence, de notre portée, elle nous refuse en même-tems le moyen de connoître, avec quelque certitude, ce qui, par les rapports les plus intimes, paroissoit devoir le moins échapper à nos recherches. Notre mémoire embrasse l'histoire du monde; elle saisit la pensée des hommes qui vécurent trente ou quarante siècles avant nous, et la retient; d'un œil rapide, elle parcourt les causes de la grandeur d'un empire, et celles de sa chûte. Mais en savons-nous mieux comment la sensation de la veille s'est gravée dans notre souvenir, ou quel accident a pu l'en effacer? Nous avons soumis à nos calculs la précession des équinoxes, le retour d'une comète, le mouvement des mondes roulans dans l'espace, à plusieurs millions de lieues de notre globe, aux extrémités de notre systéme solaire; nous sommes parvenus à maîtriser, pour ainsi dire, tous les élémens, à nous emparer de leur puissance, à la diriger à notre fantaisie; nous avons tenté, même avec succès, de prévenir et d'imiter le phénomène le plus propre à frapper tous nos sens de terreur et d'admiration. Émules de la nature, comme elle, nous avons appris à dissoudre plusieurs substances, à les recréer, à en former de nouvelles. Cependant n'ignorons-nous pas toujours, comment la plus simple combinaison semble porter tout-à-coup la lumière dans notre entendement, ou le replonger aussitôt dans la nuit la plus obscure? Après avoir franchi les limites du monde, notre esprit a pénétré jusques dans les vastes profondeurs d'un monde idéal; il s'est perdu dans l'immensité de l'empire des possibles; et s'attachant à la chaîne éternelle des êtres, il s'est enfin élevé à l'idée ineffable de l'Être suprême, de l'Être par excellence, de l'Être source infinie et première de toutes les existences, de toutes les forces, de toutes les perfections ! Rien de ce qui existe, n'a pu nous en offrir une image plus sensible, que le miracle de notre propre pensée, celui de notre propre volonté, toutes bornées, toutes impuissantes qu'elles sont. Néanmoins cette pensée, quelque hardie qu'elle puisse être; cette volonté, quelque entreprenante qu'elle soit, ne sauroit encore s'expliquer à elle-même, par quel effort merveilleux elle exerce la plus facile et la plus commune de ses fonctions, celle d'imprimer à nos jambes, à nos bras, le mouvement qui lui plaît.

De tout ce pompeux détail de notre orgueilleuse foiblesse, de notre superbe ignorance, il résulte, ce me semble, mon cher Hypolite, que cette faculté pensante est, de toutes les productions de la nature, la plus singulière et la plus inconcevable, la plus digne d'admiration et la plus digne de pitié ! Quand je compare les élans prodigieux de l'esprit humain, et le peu de connoissance qu'il a des forces qu'il exerce le plus habituellement, j'ai l'impertinence de croire que nos plus grands hommes, les plus profonds de nos philosophes, comme les plus ingénieux de nos poëtes, tiennent tous, plus ou moins, de l'ignorance du bourgeois gentilhomme, fort étonné de découvrir que, depuis quarante ans, il faisoit de la prose sans le savoir. S'il existoit pour les hommes un moyen de deviner quelque chose de plus que ce qu'ils ont appris, ne seroit-ce pas de commencer par se rendre un compte sincère et modeste de tout ce qu'ils ignorent?

Les seules modifications de notre entendement qui nous sont connues, ou que nous avons essayé de connoître, ne pouvant expliquer d'une manière satisfaisante les plus simples comme les plus étonnantes de ses opérations, n'est-il pas naturel d'en conclure qu'outre ces modifications plus ou moins déterminées, il doit en exister d'autres que nous connoîtrons un jour, ou que nous ne connoîtrons jamais?

C'est l'impossibilité de rendre raison, par les règles ordinaires de la dynamique, de toute la force employée dans le mouvement de nos muscles, qui conduisit d'habiles anatomistes à l'idée de ce principe vital, dont l'existence ne paroît plus aujourd'hui pouvoir être mise en doute, quelque embarrassé que l'on soit encore à le bien définir. Ce principe inconnu de différentes actions de notre entendement, que nous avons entrepris de chercher, en attendant que nous ayons pu lui trouver quelque dénomination plus juste ou plus heureuse, permettez-moi de l'appeler notre sens intérieur.

Il est trop vague, sans doute, ce mot; et je n'ignore pas qu'il a même plusieurs acceptions, différentes de celle que j'ose lui donner dans ce moment. Mais je n'en vois point qui convienne mieux au développement de mon idée. Car ce que je veux sur-tout rappeler ici, c'est qu'il est beaucoup de circonstances où notre entendement paroît avoir précisément la même action que nos sens, où le jugement et la perception se suivent de la manière la plus immédiate, où ces deux actes sont véritablement simultanés. Notre mémoire, notre esprit, notre raison voient et jugent souvent comme nos yeux et nos oreilles. Il est une foule de connoissances purement intuitives; et ce que le génie paroît inventer de plus sublime et de plus étonnant, est presque toujours le simple apperçu de notre sens intérieur, comme l'est de nos yeux un beau tableau de la nature ou de l'art. L'analyse, la synthèse, tout l'art syllogistique, ne sont que des moyens de diriger ou de fixer notre attention, des microscopes faits pour grossir les objets, qui d'ailleurs échapperoient à notre vue, pour les rendre plus distincts, ou pour les rapprocher de la portée de nos lumières.

Je crois, mon cher Hypolite, que rien ne seroit plus propre à répandre un jour tout nouveau sur les procédés habituels de notre faculté pensante, que de l'observer tour-à-tour dans trois états fort différens, l'état de veille, l'état de sommeil, et cet état mitoyen entre la veille et le sommeil, où les sens extérieurs se trouvent plutôt dans le calme et dans l'inaction que dans un véritable engourdissement; où l activité du sens intérieur est comme isolée, où l'on peut douter en quelque sorte si l'on rêve ou si l'on médite. Cet état suit ou précède communément le repos du sommeil; il est aussi quelquefois le résultat d'une méditation très-prolongée sur le même objet, sur la même idée, plus particulièrement encore dans le silence de la nature, dans l'obscurité des forêts, au milieu des ombres de la nuit. Alors une seule impression, une seule image semble s'arrêter quelquefois un très-long-tems devant notre pensée, et la tenir comme assiégée; alors notre entendement n'agit plus que par intuition. Des scènes entières, des tableaux suivis ou décousus se succèdent à la vue de notre sens intérieur, tantôt avec lenteur, et tantôt avec rapidité. Nous croyons voir, et voir très réellement ce que nous n'avons jamais vu. Ce sont enfin de véritables fantômes qu'évoque autour de nous la seule puissance de notre imagination, heureuse ou malheureuse sous le charme de ses propres sortiléges.

Je suis persuadé que les dévots, les amans, les prophêtes, les illuminés, les Swedenborgistes doivent aux illusions, dont cette manière d'être nous rend susceptibles, toutes les merveilles de leurs pressentimens, de leurs visions, de leurs prophéties; leurs entretiens avec les intelligences célestes; leurs voyages dans les cieux et dans les enfers; en un mot toutes les extravagances et toute la superstition de leurs contagieuses rêveries. Mais je ne craindrai pas de dire aussi, que, c'est peut-être dans cette même situation, que les hommes de génie ont conçu les beautés les plus originales de leurs ouvrages; que le géomètre a trouvé la solution du problême qui l'avoit embarrassé le plus long-tems; le métaphysien, le premier apperçu du plus ingénieux de ses systêmes; un poëte, le beau vers qui le fuyoit; un musicien, le plus expressif et le plus brillant de ses motifs ; l'homme d'état, la ressource décisive que toutes les lumières de son expérience n'avoient pu découvrir encore à la pénible attention de ses calculs ; un général d'armée, ce coup-d'œil vaste et rapide, qui fixe le sort d'une bataille, et garantit la victoire.

Il faudroit avoir reçu du ciel un esprit bien froid, une tête bien stérile, un jugement bien faux, pour ne pas reconnoître que dans toutes les recherches de l'esprit humain, dans toutes ses découvertes, dans tous les arts, ce qu'il y a de plus vrai, de plus neuf, de plus heureux ; dans tous les genres de talent, dans toutes les combinaisons d'intrigue ou de jeu, ce qu'il y a de plus remarquable, de plus singulier, de plus étonnant, tient toujours d'une sorte d'inspiration très indépendante du raisonnement et de l'expérience. Le développement de nos idées les plus frappantes, comme celui de nos sentimens les plus forts, de nos affections les plus vives, nous le devons presque toujours à je ne sais quelle sympathie dont les effets sont également subits, également imprévus. On a dit que les plus hautes conceptions de notre entendement naissent ainsi que Minerve, qui sortit toute armée du cerveau de Jupiter. Et pour nous, le coup de hache qui fendit la tête du souverain des dieux, c'est l'effort d'un grand intérêt, le besoin d'une grande passion, très-souvent aussi le merveilleux pouvoir d'une longue habitude. Comme beaucoup de poëtes, pour suivre l'usage, se vantent le plus gratuitement du monde d'être inspirés, plus d'un philosophe qui l'est en effet ne s'en doute guères. Il attribue à la suite de ses réflexions, à la routine de certaines méthodes, ce qu'il ne doit véritablement qu'au mouvement impérieux d'une force dont il jouit, sans en connoître toutes les ressources, sans avoir jamais étudié l'action et les procédés qui la distinguent. Il n'est pas plus vrai que l'homme pense ou raisonne, qu'il n'est vrai que l'homme est inspiré. Mais il faudroit tâcher de savoir au moins aussi clairement comment l'homme est inspiré, que nous savons comment il pense ou raisonne. L'histoire des fous, des amans, des joueurs, des hommes de génie, une suite d'observations vraies et circonstanciées sur la manière de travailler des grands artistes, des écrivains célèbres, sur les habitudes de tout homme singulier par ses idées ou par ses affections, nous offriroit sans doute, sur cet objet important, les éclaircissemens les plus utiles et les plus lumineux.

En attendant, examinons, mon cher Hypolite, s'il n'existe pas une faculté de notre âme, dont une étude plus approfondie pourroit nous expliquer assez naturellement la plupart des mystères que je viens de rappeler à votre méditation.

TROISIÈME LETTRE.

We are such stuff
As dreams are made on. (1)
(*Shakesp.*)

Si nous connoissions mieux la théorie des songes, peut-être nous resteroit-il assez peu de choses à découvrir sur le développement naturel et spontané de nos sentimens et de nos idées; car rien ne ressemble davantage à la nature de nos rêves, que la marche de notre esprit, lorsque nous l'abandonnons entièrement à lui-même, à la vivacité de ses caprices, aux langueurs de son inertie. Ce que nous pensons alors, ce que nous imaginons, ce que nous avons de souvenirs, de pressentimens, d'inspirations, de desirs, d'espérances, de projets, de volontés, tient toujours plus ou moins d'une pure rêverie. On a donc eu raison de dire que la plu-

(1) Nous sommes de l'étoffe dont on fait les songes.

part des hommes étoient de vrais somnambules, errans sur les bords d'un abîme, et qu'il seroit, par-là même, fort dangereux de vouloir réveiller trop brusquement.

Il est rare que nos rêves aient beaucoup de suite, à moins qu'ils ne tiennent à une impression très-forte. Nos pensées, dans l'état de veille, en ont-elles beaucoup plus, à moins qu'elles ne soient dirigées vers un but qui nous passionne? Le plus communément, nos rêves ne sont que des souvenirs de ce qui nous a frappés, pour ainsi dire, malgré nous. Nos pensées, la plupart du tems, sont-elles autre chose? Nos rêves les plus remarquables dépendent presque toujours d'une impression isolée, d'une impression qui domine toutes les autres, au point de les absorber ou de les éteindre, du moins pour le moment. Nos pensées les plus remarquables dans l'état de veille, ne dépendent-elles pas d'une impression du même genre? Nos pensées, comme nos rêveries les plus originales, les plus singulières, ne naissent-elles pas constamment de la rencontre fortuite de deux impressions qui se croisent tout-à-coup dans leur route, quoique parties de deux points fort éloignés? L'association de nos idées dans l'état de sommeil, toutes les fois qu'elles n'ont pas une direction déterminée, ne se trouve-t-elle pas aveuglément soumise à l'empire des circonstances qui nous environnent, au mouvement peut-être encore plus arbitraire, peut-être encore plus inconstant de nos sensations et de nos fantaisies? Ce que nous ne manquons presque jamais de brouiller et de confondre dans nos rêves même les plus frappans, les plus distincts, c'est la mesure et les intervalles du tems. N'est-ce pas encore ce que nous oublions, ce que nous confondons aussi le plus volontiers dans la suite de nos pensées durant l'état de veille, lorsque nous n'en réglons pas la marche avec une contention d'esprit toute particulière? Les idées de tems et de durée sont des abstractions, que notre esprit conçoit et se rappelle assez difficilement; nos sens les atteignent avec plus de peine encore, et de moins de manières que les idées d'espace et d'étendue.

Il est deux avantages dont il semble que notre imagination jouisse plus complètement dans l'état de rêve que dans l'état de veille. Le premier, c'est tantôt plus de lenteur, tantôt plus de rapidité dans la succession de ses souvenirs et de ses impressions; l'autre, un abandon plus absolu dans la jouissance d'une seule impression, dans la contemplation d'une seule idée. La plupart de nos facultés assoupies, le seul sens qui veille encore, en a plus de force et de puissance. Les autres ne peuvent plus le distraire, il n'a plus de témoins qui le contrarient ou lui en imposent, il n'a plus de rivaux qui cherchent à troubler son bonheur, ou bien à partager son empire. Peut-être est-ce par cette disposition tant de fois éprouvée, qu'il faut expliquer le véritable sens de cette expression si familière : je ne puis me décider encore; j'y rêverai.

Ce qui n'est pas douteux, au moins, c'est que nous achevons souvent, dans nos rêves, des pensées et des sentimens que notre esprit et notre imagination n'avoient su qu'ébaucher dans l'état de veille. Ce qui n'est pas moins prouvé par une longue suite d'expériences, c'est que les projets les plus hardis, nous ne les eussions peut-être jamais conçus; les actions les plus importantes, nous ne les eussions peut-être jamais hasardées, si, dans le silence de la nuit, dans l'isolement de la plus profonde solitude, dans l'indépendance la plus absolue de toutes les distractions de nos sens, nos rêves et nos songes ne nous eussent montré comme possible, comme réel, ce qui, dans l'état de veille, nous avoit toujours paru trop difficile, ou trop extraordinaire, pour y croire, ou pour le tenter. Voilà ce qui peut justifier, très-philosophiquement, la vérité d'un très-grand nombre de pressentimens, d'inspirations, de songes prophétiques. Voilà ce qui donne à la poésie le droit d'employer tous ces artifices, dont l'idée est puisée dans la nature même de l'homme, et qui, par cette considération, lorsque le choix est ingénieux et naturel, peuvent acquérir un grand caractère de vraisemblance, et produire un effet très-moral. Il est des présages indiqués par la nature de nos songes, quelquefois même d'une manière assez poétique, qu'il n'est pas difficile d'expliquer par des causes purement physiques. Tel fut, sans doute, le songe d'un célèbre naturaliste, Conrad Gessner, qui, ayant rêvé qu'il avoit été mordu à la cuisse par un serpent des Alpes, vit paroître, quelques jours après, un douloureux anthrax à l'endroit même auquel il croyoit avoir été mordu.

Ce seroit sans doute ici la plus belle occasion du monde de discuter avec vous, mon cher Hypolite, toutes les merveilles du somnambulisme de M. le marquis de Puységur, et de la bonne Thérèse de M. Bergasse; mais j'attends encore qu'elles soient constatées par des faits plus évidens, avec moins de mystère, et moins de charlatanerie. Je ne serois guères étonné cependant, si, réussissant, par quelque moyen physique, à plonger un malade dans une espèce d'assoupissement très-calme et très-doux, on découvroit qu'alors le sens de la douleur, seul éveillé, laisse entrevoir des lueurs d'un instinct presque surnaturel, des pronostics au moins fort extraordinaires.

Quoiqu'il ne soit pas prouvé jusqu'ici que l'on rêve quand et comme on veut, je crois pourtant, grâces à ma propre expérience, qu'il n'est pas entièrement impossible d'écarter de son sommeil des rêves trop dangereux ou trop pénibles. D'abord, en vivant sobrement, on dort beaucoup mieux, et l'on rêve beaucoup moins. En observant avec un peu d'attention l'effet de certains alimens, (et qui dédaigneroit un soin que la secte de Pythagore regardoit comme un devoir religieux?) on s'épargne encore beaucoup de mauvais songes. Ce ne sont guères que les impressions vives, mais fugitives, qui troublent notre sommeil. On en prévient souvent le retour, en les fixant avec une sorte d'attention, en les repoussant avec une volonté bien décidée dans l'état de veille, au moment sur-tout de s'endormir. J'ai redouté long-tems d'être affligé, dans mes rêves, par l'apparition douloureuse d'un être adoré, succombant aux souffrances de ses derniers momens, dont j'avois été le malheureux témoin. L'image de cet être céleste a souvent occupé mes songes, a souvent rempli mon âme d'un charme consolateur; et jamais, grâces au ciel, jamais je ne l'ai vu comme je craignois de le voir.

QUATRIÈME LETTRE.

Je voudrois bien pouvoir deviner, mon cher Hypolite, de quelle manière nous acquérons nos idées, de quelle manière elles se gravent dans notre mémoire ou s'en effacent, de quelle manière encore nous pouvons les écarter ou les rappeler à volonté. Mais après avoir lu ce qu'Aristote et Lucrèce, Leibnitz et Bacon, Condillac et Diderot ont rêvé là-dessus de plus profond, de plus ingénieux, j'ai désespéré de trouver jamais quelque explication qui pût nous satisfaire. Sans essayer donc de pénétrer le mystère d'un mécanisme qui peut-être même n'a jamais existé que dans notre imagination, et grâces à l'ineptie audacieuse de nos signes conventionnels, bornons-nous à remarquer les effets qui nous ont paru suivre constamment les mêmes causes. J'abandonne à des esprits plus hardis le soin d'en saisir et d'en déterminer la liaison. L'espèce de recherche à laquelle je m'attache, me paroît, tout-à-la-fois, moins incertaine et plus utile.

Que le plus grand nombre de nos idées nous vienne de nos sens ; que plusieurs de celles qui paroissent le plus éloignées de cette première origine n'en dérivent pas moins, ce sont des vérités que l'on n'oseroit contester aujourd'hui. Il est certaines abstractions cependant, certaines idées métaphysiques ou morales dont je ne saurois découvrir le germe dans aucune impression de nos sens ; et pourquoi m'obstiner à les y chercher ? De ce nombre sont les idées que nous exprimons, peut-être assez gauchement, par les mots *être, combinaison, vertu, puissance*, et beaucoup d'autres, qu'une image empruntée de quelque objet sensible rapproche encore plus en apparence des résultats de nos sensations, mais qui n'en sont pas moins fort distincts en réalité. A quelle perception de nos sens extérieurs rapporter le sentiment intime de notre être ? Ce sentiment même, ne l'éprouverions-nous pas encore, si, par un accident quelconque, privés tout-à-coup de l'usage de tous nos sens, le mouvement ordinaire de la vie pouvoit n'en être pas altéré ? Avec quelque art que le matérialisme accumule hypothèse sur hypothèse, il ne sera jamais possible de nous faire confondre avec l'action de nos sens, celle de la force, de la faculté, du principe (donnez-lui le nom que vous voudrez) qui compare plusieurs sensations différentes, les combine, en produit de nouvelles, et nous fait jouir de la puissance merveilleuse de choisir et de vouloir. C'est à cette faculté, que je ne connois pas mieux que vous, mais dont la conviction la plus intime m'assure l'existence, que nous devons attribuer, ce me semble, l'origine d'un ordre d'idées, qui, pour être tout-à-fait hors de la portée de nos sens, n'en forme pas moins une partie importante du cercle, tout-à-la-fois si vaste et si borné, de nos connoissances.

Sans le concours de ce principe, je ne saurois m'expliquer comment nous recueillons, dans notre souvenir, telles ou telles sensations, tandis que nous en laissons échapper un grand nombre d'autres, que nos sens pouvoient atteindre avec la même facilité. Mon expérience me prouve que les seules impressions qui laissent après elles de longs souvenirs, sont celles que notre sens intérieur a saisies avec une attention déterminée; celles qui l'ont frappé de surprise, d'étonnement, d'admiration; celles qu'il a recueillies par la seule habitude de remarquer toutes les impressions du même genre; enfin, celles qui se sont présentées à son attention avec quelque suite, dans l'ordre le plus propre à les faire remarquer, et par-là même à les faire retenir.

Entourez des mêmes objets deux enfans dont l'un soit vif et curieux, l'autre flegmatique et insouciant. Le premier se rappelle tout ce qu'il a vu, tandis que les yeux de l'autre n'ont été qu'une glace inanimée sur laquelle tous ces objets ont été réfléchis, sans qu'il en reste la moindre trace. Pour avoir des idées et des impressions, il faut donc le plus souvent commencer par le vouloir; je dis le plus souvent, parce qu'il est des circonstances, j'en conviens, qui ne nous laissent pas la liberté du choix. Mais ces circonstances ne sont pas aussi fréquentes qu'on pourroit le croire; et sur cette idée, je fonderois tout-à-l'heure, si je voulois, un long traité de morale.

Tous les objets propres à nous frapper d'une grande surprise, s'emparent, malgré nous, de notre attention, et nous font toujours une impression plus ou moins forte, plus ou moins profonde. Ce charme appartient particulièrement aux objets qui nous sont absolument nouveaux. Et voilà pourquoi l'enfance et la jeunesse sont si susceptibles d'impressions vives et soudaines. Tout les frappe, tout les intéresse, tout les passionne. Aussi le fond d'instruction qu'on peut acquérir jusqu'à vingt ans, est-il, par cette raison-là, peut-être fort au-dessus de celui qu'on acquiert dans la suite de la plus longue vie.

La seule habitude de fixer notre attention sur de certains objets, nous les fait appercevoir avec une extrême rapidité. Cette même habitude nous y fait discerner une multitude de traits et de nuances, qu'un œil moins exercé n'y sauroit découvrir, ou n'y découvre au moins que difficilement, après une sorte de peine et de travail.

Il n'est aucune affection de notre âme, depuis l'inquiète et froide curiosité jusqu'à l'amour le plus violent, depuis la crainte la plus servile jusqu'à l'ambition la plus élevée, qui ne tende naturellement notre attention vers tous les objets relatifs à cette affection ; et ce n'est pas seulement vers ceux qui s'y rapportent d'une manière directe, c'est encore vers ceux qui n'y tiennent que par une liaison de circonstances, par une simple association d'idées. C'est ce qui nous explique comment une grande passion donne, pour ainsi dire, par miracle, de l'activité, de la prestesse à l'esprit le plus lourd ; au plus léger, de la suite et de la persévérance.

Je ne sais s'il y a de l'exagération dans tout ce qu'on dit des prodiges que l'on a vu produire par la seule crainte des coups de bâton ; et je ne m'aviserai point ici de décider si c'est en effet la méthode la plus infaillible de former de bons artistes en tout genre, *chez le peuple le plus malléable de l'Europe*, comme l'appeloit Mirabeau ; mais je serois fort porté du moins à croire, qu'il est, par exemple, une exactitude, une précision de discipline, de manœuvres militaires à laquelle on ne parviendroit jamais sans la crainte habituelle d'un châtiment vif et prompt.

En généralisant cette observation, j'ajouterai que le degré de sévérité nécessaire pour en imposer à l'attention d'un écolier, est peut-être une condition indispensable pour décider et pour hâter ses progrès. S'il vous restoit encore quelque doute, je vous obligerois toujours, mon cher Hypolite, de convenir qu'il n'est que deux manières d'obtenir de ses élèves des progrès rapides, en quelque genre que ce soit; c'est de s'en faire craindre, ou de s'en faire adorer.

Au nombre des moyens qui servent le plus communément à développer nos idées, à les recueillir, à les fixer, à les étendre, nous nous garderons bien d'oublier l'avantage des méthodes scientifiques, lorsqu'elles nous offrent une série d'objets dans l'ordre le plus propre à les distinguer l'un par l'autre, à nous en faire saisir plus rapidement les détails et l'ensemble, à les rapprocher enfin des bornes de notre horison. Mais les ressources qui n'appartiennent qu'à l'esprit, n'ont, pour ainsi dire, qu'une puissance secondaire;

elles ne suppléent point celles qui résultent de l'organisation même de nos facultés, de leur pente naturelle, ou de leur habitude dominante. Les enfans, les avares, les amans, les courtisans, les souverains ont une mémoire admirable, relativement à des objets sur lesquels aucune de nos méthodes philosophiques n'a pris soin de l'exercer ; les premiers, parce qu'ils sont très-susceptibles d'impressions vives et nouvelles; les autres, parce qu'ils sont toujours dominés par un grand intérêt; les derniers, peut-être aussi parce que tout ce qui les entoure et tout ce qui les approche, tâche constamment de s'offrir à leurs regards sous quelque rapport qui frappe et réveille leur attention. (1) *C'est dans le cœur qu'est la*

(1) Boisrobert voulant solliciter les bontés du cardinal de Richelieu, pour son neveu, s'avisa de le lui présenter à la promenade. Il s'y prit à dessein, avec tant d'empressement et d'étourderie, qu'il fit tomber le jeune homme dans le bassin, près du quel le ministre-roi venoit de s'arrêter

mémoire. Je ne sais qui l'a dit le premier ; mais on n'a jamais rien dit de plus vrai, de mieux senti.

Toutes simples que sont ces observations, j'ose croire, mon cher Hypolite, qu'on peut en tirer les conséquences les plus importantes, pour le développement de nos facultés intellectuelles. Ces observations prouvent que la manière la plus sûre de nous apprendre quelque chose, c'est d'exciter d'abord l'attention de notre sens intérieur ; c'est de l'intéresser, par des moyens adaptés aux singularités de notre caractère et de notre situation, à se diriger vers un but plutôt que vers un autre ; c'est de placer enfin les objets dont nous devons nous occuper, relativement

---

alors avec toute sa suite. Il n'y eut personne qui ne parut prendre part à l'accident. Le cardinal, lui-même, daigna s'en occuper. « Je le savois bien, dit Boisrobert, sans ce petit malheur, votre éminence auroit oublié mon pauvre parent ; grâces au tour que je viens de lui jouer, elle s'en souviendra bien mieux. »

à nous, ou plutôt de nous placer nous-mêmes relativement à ces objets, de sorte que nous ne puissions les voir sans en être frappés. Peut-être même, suivant le caractère et les circonstances, est-il essentiel que nous ne puissions pas les fixer trop long-tems de suite, pour éprouver un desir plus vif de les revoir, et que notre attention les considère à plusieurs reprises, avant d'avoir eu le tems d'en être rassasiée. Le soin dont je charge ici nos instituteurs, et dont la plupart s'acquitteroient au moins fort mal, c'est la nature, c'est la destinée qui, le plus souvent, daignent le prendre elles-mêmes; et c'est aussi par cette raison, que nous tenons presque toujours de leurs bienfaits la seule éducation qui nous réussisse. Un autre service que nous devons encore bien plus souvent au hasard qu'à l'habileté de nos maîtres, c'est de graver profondément dans notre mémoire certaines impressions premières; qui servent en quelque sorte d'appât aux autres, les appellent, les fixent, les attachent, et finissent par les enchaîner l'une à l'autre par des liens dont la subtilité nous échappe, et que nous ne saurions ni comprendre, ni définir.

Mais avant de chercher, mon cher Hypolite, des méthodes sûres et faciles d'acquérir un grand nombre d'idées, n'est il pas un soin plus indispensable dont il faudroit s'occuper d'abord, celui de se garantir de celles qui pourroient nuire à notre sagesse, à notre bonheur ? Il est incontestable que notre cerveau peut se remplir d'une foule d'idées, que nous n'avons jamais pris la peine de recueillir, qui nous sont à charge, ou dont nous possédons aussi quelquefois la richesse, sans nous en douter. Qui ne se souvient pas d'avoir été souvent tourmenté d'une idée, d'une image, d'une impression qui le poursuivoit malgré lui ? Qui ne se rappelle pas d'avoir été fortement affecté, par des songes, des mêmes objets qui, dans l'état de veille, n'avoient fait sur lui que l'impression la plus légère et la plus fugitive ? Un exemple plus remarquable, parce qu'il est plus singulier, des souvenirs dont la trace peut se conserver dans notre cerveau, sans que nous en ayons eu l'intention ni la conscience, ni même le moindre soupçon, c'est l'exemple du perruquier de Diderot. Dans les transports d'une fièvre chaude extrêmement violente, ce jeune homme récitoit des scènes entières de tragédies qu'il avoit souvent vu représenter, mais qu'il n'avoit jamais apprises, et dont il ne pouvoit se rappeler un seul vers, quand l'accès étoit passé. J'ai connu moi-même en Suisse une femme d'un esprit fort ordinaire, d'une éducation assez négligée, qui, durant une maladie de vapeurs très-grave, dont elle fut affligée pendant plusieurs mois, eut la tête tellement exaltée d'idées métaphysiques, recueillies dans je ne sais plus quel ouvrage, tombé entre ses mains peu de tems avant son accident, qu'elle désoloit son directeur par les objections les plus fortes et les plus ingénieuses contre la religion. Aussitôt qu'elle fut guérie, ces idées parurent entièrement effacées de son souvenir; son esprit, avec le calme de ses anciennes habitudes, retomba dans sa médiocrité naturelle. Je n'ai pas besoin d'ajouter qu'elle n'en fut pas plus malheureuse.

Le seul moyen, je crois, d'empêcher notre attention d'errer au hasard sur des objets qui pourroient troubler tôt ou tard notre repos ou notre bon sens, c'est de lui donner toujours une occupation déterminée, et de la choisir la plus analogue au caractère, à l'étendue, au besoin de nos facultés. Telle mémoire est propre à retenir des signes algébriques ; telle autre, des dessins ou des tableaux, des résultats ou des détails, une grande variété de sons et d'accords, une longue suite d'idées et de raisonnemens. Le premier bonheur de la vie est, sans doute, d'avoir rencontré le genre d'occupation qui convenoit le mieux à la capacité naturelle de notre esprit. L'éducation, sur-tout celle des circonstances, modifie plus ou moins cette capacité. Mais la nature, qui semble se complaire dans l'immense variété de ses productions, conserve toujours ses droits;

en dépit de tous les systêmes. De tous les décrets de la puissance humaine, il n'en est point de plus imprescriptible.

CINQUIÈME LETTRE.

Vous êtes impatient de savoir, mon cher Hypolite, quelle est la faculté de notre âme à qui j'attribue l'influence la plus active sur notre conduite, sur nos sentimens, sur le développement même de nos idées. Je ne sais si mes précédentes lettres ont assez préparé ma réponse; mais, au risque d'aller trop vîte en avant, pour ne pas être obligé de revenir sur mes pas, je vous dirai, sans un plus long préambule, que c'est l'imagination. Par imagination, je n'entends pas seulement, comme vous pouvez croire, cette faculté qui semble appartenir par excellence aux poëtes, aux romanciers, aux peintres, aux musiciens, aux artistes de tout genre. Quoique toujours la même dans son principe, comme dans ses effets, je la considère ici sous des rapports plus généraux, par conséquent moins saillans, peut-être aussi plus difficiles à saisir.

S'il existe dans notre être une puissance morale, dont l'action habituelle commence dès le berceau, s'accroisse à mesure que nos facultés se développent, et se propage insensiblement jusqu'au dernier terme de notre existence, c'est celle qui résulte de l'association naturelle de nos idées. Or, cette association est presque en entier l'œuvre de notre imagination, œuvre qui se consomme le plus souvent dans l'obscurité la plus mystérieuse, mais dont nous tâcherons de suivre au moins les procédés les plus simples, les plus marqués, les plus incontestables.

On ne sauroit trop se défier des illusions du langage. Dans la nécessité d'éviter des expressions figurées, qu'un long usage nous a fait confondre avec le mot propre, je serai, sans doute, forcé d'employer d'autres figures, qui pourroient prêter à de nouvelles erreurs; mais je vous préviens d'avance, mon cher Hypolite, que je n'entends point vous donner les images auxquelles je me permettrai d'avoir recours, pour des définitions exactes. Et, s'il y a dans mes observations quelque résultat nouveau, ce n'est point, je l'espère, sur de pareilles méprises que vous le trouverez fondé.

Sans oublier que la mémoire et l'imagination sont, comme le sentiment et la pensée, des modifications de la même faculté, je crois que ce sont deux modifications très-distinctes; et, pour m'expliquer avec moins d'embarras, j'oserai les comparer ici comme deux principes d'action tout-à-fait différens. L'imagination voit ce que la mémoire se contente de se rappeler. La mémoire tient compte des impressions qu'elle a reçues; l'imagination les reproduit, les combine, et de leur combinaison en forme de nouvelles. On peut se représenter le travail de l'une comme un catalogue, comme un simple registre plus ou moins étendu, plus ou moins méthodique; le travail de l'autre, comme une galerie de tableaux mouvans, comme une succession de scènes plus ou moins variées, plus ou moins rapides.

Une idée, une perception isolée se perd, le plus souvent, dans l'étendue bornée de notre cerveau, comme une vapeur légère dans l'immensité de l'horison. Une image a déjà plus de consistance qu'une simple idée. C'est la vapeur qui s'élève, se condense et se colore. Une suite d'images produit presque toujours une impression plus forte, plus durable. Ce sont les nuées qui se rassemblent pour servir de cortége au lever de l'astre du jour, ou pour l'accompagner à son couchant; quelquefois aussi ce sont ces sombres nuages, chargés de tous les élémens dont le choc va produire la foudre et les tempêtes.

Il est une foule d'impressions, d'aperçus infinimens légers, de pensées plus fugitives, de sentimens, s'il est possible, encore plus subtils, dont la trace imperceptible semble ne pouvoir produire aucun résultat, et qui, par leur réunion plus ou moins préparée, plus ou moins subite, forment enfin une masse de forces très-active et très-imposante. Cette première impression de peine ou de plaisir n'eût fait qu'effleurer nos sens : mais notre attention étoit disposée à la saisir ; et le hasard qui nous l'offrit dans ce moment, se plaît à nous placer dans les circonstances les plus propres à nous en rappeler le souvenir, à la reproduire de différentes manières, à varier ou bien à prolonger le foible intérêt qu'elle nous inspiroit d'abord. Il s'y joint d'autres impressions qui s'y trouvent liées par les rapports les plus singuliers, et qu'il seroit souvent presque aussi difficile de deviner qu'il l'eût été de les prévoir : ainsi, toute frivole et toute précaire qu'elle étoit dans le principe, sa force s'étend, s'augmente, et devient trop souvent tout-à-fait irrésistible. Il en est de nos idées, comme de nos sentimens. Ce n'étoit encore qu'une lueur très-vague, très-incertaine ; si nous parvenons à la fixer, ce premier rayon, quelque foible qu'il fut, se fortifiera de tous les points lumineux dont la suite naturelle de nos observations pourra l'environner, et finira par nous présenter un véritable faisceau de lumières ; c'est-à-dire, pour parler sans figure, que le raisonnement le plus subtil, le plus haşardé, soutenu par l'opiniâtreté de nos recherches ou de nos méditations, entraînées toujours vers le même but, deviendra pour nous à la fin le principe de la conviction la plus forte et la plus intime.

Il ne faut pas s'étonner que les images empruntées de la culture, aient été si souvent appliquées au développement de nos facultés morales. En est-il, en effet, qui lui conviennent davantage, et sous plus de rapports ? Que d'idées ou de perceptions semées dans notre entendement, dont les unes sont entièrement perdues, d'autres ne germent qu'avec beaucoup de peine et de lenteur, d'autres se lèvent rapidement, et périssent de même ! Comme tous les terreins ne sont pas également propres à féconder, à nourrir toute sorte de plantes, tous les esprits ne sont pas non plus également propres à recevoir, à développer les mêmes idées. Tel sentiment, telle idée ne paroît pas être la production naturelle de notre cerveau, comme telle ou telle plante ne l'est pas du terroir auquel l'art qui le cultive sut la faire produire. On reconnoît facilement les idées et les plantes indigènes de celles qui ne le sont pas. Quelquefois, mais rarement, la production naturelle d'un sol fructifie, et se perfectionne dans un sol étranger. Quelquefois aussi, mais rarement encore, l'idée qui risquoit de dépérir dans la tête de celui qui la conçut le premier, se développe avec plus de vigueur et d'éclat dans l'imagination qui s'en saisit et l'approprie.

Vous avez déjà pu vous appercevoir plus d'une fois, mon cher Hypolite, que je n'ai nulle espèce de goût pour le système des matérialistes. Les idées spirituelles, ces idées si touchantes et si sublimes d'une âme immortelle, de sentimens élevés au-dessus des sens, d'intelligences célestes, d'un être des êtres, d'une source intarissable de puissance, de bonté et de perfection, l'espoir de jouir éternellement de tout ce que j'aime, de tout ce que j'admire, de tout ce que j'adore, ces idées me ravissent, m'enchantent; et ne fussent-elles que de vaines illusions, je ne connoîtrai jamais de vérité qui leur soit préférable. Mais je n'en suis pas moins forcé d'avouer ce qui paroît favoriser l'opinion que mon sentiment repousse, ce rapport si constant, si merveilleux des lois physiques et morales. J'ai quelques amis qui concluroient peut-être de là que rien n'est matériel, que tout est idéal. Je ne sais point embrasser ainsi les extrêmes. Lorsque deux observations me frappent de la même évidence, quoiqu'elles semblent tenir à des systêmes opposés, je les recueille l'une et l'autre, en laissant au tems, au progrès des lumières, le soin de les éclaircir, ou de les concilier.

Il est certain qu'il n'est aucun procédé du développement des forces intellectuelles, qui ne se rapporte, de la manière la plus frappante, au développement des forces physiques. Il est un commencement, un progrès, une époque de maturité, de décadence, de dissolution dans le règne idéal, comme dans le règne animal, comme dans le règne végétal. Tout commence par être un germe, dont le développement est plus ou moins lent, la croissance plus ou moins rapide, le dépérissement plus ou moins prompt.

Les idées et les sentimens homogènes s'attirent mutuellement comme certaines substances. C'est parce que j'avois acquis, peut-être par hasard, un certain nombre d'idées, que d'autres idées du même genre se sont associées si facilement avec elles, et leur association en a produit d'autres sans aucun effort de ma volonté, sans aucune étude déterminée de l'attention dont cette volonté dispose. C'est-là l'explication de tous les prodiges de l'habitude, et de ce qu'on entend par la facilité naturelle de l'esprit ou du génie.

Comme certaines substances ne peuvent se réunir et se confondre, sans se neutraliser, il est aussi certaines idées, certaines impressions qui ne se rencontrent jamais sans s'altérer mutuellement, sans faire naître ce qu'on peut appeler, avec beaucoup d'exactitude, des impressions neutres, des impressions modifiées par leurs contraires; et peut-être sont-ce les impressions de ce genre que l'on trouve le plus souvent dans le monde, où le frottement continuel des esprits les moins propres à sympathiser ensemble laisse si rarement aux idées, aux sentimens leur forme originelle, leur caractère primitif. De ce nombre, sont les impressions qu'excite tous les jours le contraste de nos sentimens naturels avec nos préjugés religieux ou politiques, celui des habitudes de notre éducation première avec les occupations ou les intérêts de l'état que nous avons embrassé par choix ou par nécessité. C'est dans la classe étendue de ces impressions, que vous trouverez la source la plus féconde des contradictions de l'homme, des vices de la société, des caprices bisarres de la mode et du goût; mais vous y trouverez aussi celle des affections les plus vives, des principes d'action les plus puissans, des passions les plus exaltées, des situations les plus intéressantes et les plus dramatiques.

Les lois générales du mouvement n'appartiennent pas plus au monde physique qu'au monde moral. Une impression morale, comme une impression matérielle, est toujours en raison de l'impulsion plus ou moins forte qui l'a produite. L'une et l'autre tendent directement à leur but, tant qu'elles n'en sont pas détournées par une force supérieure à celle de la première impulsion. Les obstacles qui ne sont pas assez puissans pour arrêter le mouvement de l'une ou de l'autre, ou pour lui donner une direction différente, le précipitent, en doublant la force d'impulsion par celle de la résistance. C'est l'effet, par exemple, que vous avez vu produire, d'une manière si terrible, dans un des plus beaux royaumes de l'univers, par l'impuissance des moyens employés pour contenir ou réprimer le mouvement révolutionnaire, auquel l'avoient livré les bonnes intentions d'un monarque trop foible, l'aveuglement de tous les partis, et cette fatalité de circonstances qui, tour-à-tour, élève et détruit les empires. Mais ce n'est pas sur ces déplorables ruines que je veux arrêter encore notre pensée. Je reviens, mon cher Hypolite, aux rêveries que nous n'avons imaginées que pour nous en distraire.

Je ne connois aucun phénomène du magnétisme ou de l'électricité qui ne puisse s'appliquer le plus naturellement du monde à quelque phénomène de notre intelligence ou de notre sensibilité. Il est sur-tout une expérience très-connue, dont l'application m'a toujours paru singulièrement remarquable. Vous n'avez pas oublié que deux corps capables de recevoir la matière électrique, lorsqu'ils en sont chargés précisément au même degré, ne produisent plus l'étincelle électrique; pour la faire jaillir, il faut que l'un des deux s'électrise en plus, l'autre en moins. N'avez-vous pas aussi remarqué que, dans les liaisons de sentiment les plus intimes, il n'y avoit jamais autant d'amour, autant d'abandon, autant de desir d'un côté que de l'autre? Si vous avez eu le loisir de vous observer vous-même, n'avez-vous pas encore remarqué que ce n'étoit pas dans les momens où votre maîtresse et vous paroissiez partager le plus également le même desir, que vous vous êtes trouvé le plus sublime et le plus heureux? J'ose croire qu'il y a dans ce rapprochement un éclair de vérité, dont il pourroit résulter de grandes lumières.... Mais ce sont-là de ces observations, quelques précieuses qu'elles me paroissent à moi, je l'avoue, que je ne sais quelle défiance m'eût empêché de hasarder, si j'écrivois pour d'autres que pour vous. Peut-être est-ce à la singularité de ce procédé caractéristique de tout mouvement passionné, qu'il faut attribuer les peines, les contrariétés, les tourmens des passions même les plus heureuses. Ce ne sont point les âmes entre lesquelles existe l'accord le plus parfait, qui cherchent le plus habituellement à se rencontrer, à se rapprocher, à se réunir. Ce ne sont point les âmes élevées à la même hauteur d'énergie ou de sensibilité, qui se conviennent le mieux. Et les discordances, les inégalités, principes du rapport qui nous enchaîne l'un à l'autre, deviennent aussi, dans la suite des tems, la cause affligeante de nos chagrins, de notre malheur, de nos regrets, quelquefois même de nos remords.

Est-il encore une imagination folle ou sensible qui n'ait éprouvé mille et mille fois, comme l'effet de l'étincelle électrique, le charme subit d'un mot, d'un geste, d'un accent auquel une douce habitude avoit attaché le souvenir d'une impression vive et puissante? Pourquoi la destinée m'a-t-elle séparé depuis si longtems... hélas! peut-être pour toujours... de l'être céleste à qui je disois avec tant de vérité :.

Mes sens n'éprouvent plus d'ivresse
Qu'inspirés par le sentiment;
Mais un mot de l'enchanteresse
D'un vieux ami fait un amant.

Ce mot, le dira-t-elle encore?
Sans elle, Amour, plus de bonheur.
Que ce soit ma dernière aurore,
Celle où j'aurai perdu son cœur!...

Tout ce que me rappellent ces vers, attristeroit trop ma prose. Il est tems de vous laisser reposer. Parmi les idées jetées dans cette lettre, il en est, sans doute, que l'indulgence de mon cher Hypolite peut seule me pardonner, parce qu'elle seule daignera chercher avec moi l'application plus ou moins utile, plus ou moins étendue dont elles sont susceptibles.

SIXIÈME LETTRE.

Quiconque, mon cher Hypolite, s'observe de bonne foi, conviendra qu'il n'agit, qu'il ne pense même le plus souvent que d'instinct, de routine, de souvenir. Nos desseins et nos pensées suivent l'impulsion naturelle et presque involontaire de certaines affections, de certaines habitudes, de certains résultats que le génie de notre éducation ou le hasard des circonstances rappelle plus vivement à notre mémoire. Ces affections, ces habitudes, ces résultats tenant à l'association particulière de nos idées ou de nos impressions, c'est la faculté qui paroît avoir la part la plus active au travail de cette association qu'il faut étudier sans doute, pour remonter, s'il est possible, jusqu'aux premiers ressorts de notre intelligence, et de notre sensibilité.

D'abord, nous l'avons déjà remarqué, les seules impressions qui restent dans notre souvenir sont celles que notre sens intérieur a bien saisies. Mais ce n'est pas toujours l'effort de notre volonté particulière qui décide cette opération de notre sens intérieur; sans aucun dessein prémédité de notre part, elle réussit souvent mieux qu'avec l'intention la plus prononcée, lorsque l'objet se trouve en rapport avec nos sens, lorsqu'il est justement à leur portée, lorsqu'il se présente dans les circonstances les plus propres à frapper leur attention, lorsque cette attention n'est point fatiguée, que tout est bien disposé pour la surprendre, pour la fixer, et rien pour la distraire.

Une impression reçue ainsi sous les auspices les plus favorables, peut bien ne laisser encore qu'une trace assez fugitive, si ce premier trait, quelque vif qu'il soit, n'est pas renforcé, pour ainsi dire, par sa propre puissance, celle de l'intérêt qui captiva d'abord notre attention, par la vivacité des souvenirs qui le renouvellent et le raniment, par le pouvoir de toutes les impressions auxquelles il s'allie, par la force même du tems, de l'habitude, enfin par celle de la pensée et de la réflexion.

Comme les circonstances qui nous disposent à recevoir une impression vive et profonde peuvent varier à l'infini, celles qui servent à la graver dans notre mémoire, ou dans notre imagination, varient sans doute également. Mais toutes tiennent, je crois, leur effet de l'un des moyens que nous venons d'indiquer. Seulement je crois encore essentiel de remarquer que la nature employant ces moyens, tantôt d'une manière simultanée, tantôt isolément, l'ordre dans lequel ils se succèdent, ne suit pas toujours une marche constante et régulière. Quelquefois le hasard commence l'ouvrage, et la réflexion l'achève. Quelquefois c'est le hasard qui se charge de finir ce que la réflexion n'avoit fait qu'ébaucher.

Une idée, une impression se conserve rarement dans notre souvenir, ou dans notre imagination, lorsqu'elle ne se trouve point liée à d'autres idées, à d'autres impressions, soit différentes, soit homogènes. Ce n'est que par ces liaisons, tantôt fort naturelles, mais quelquefois aussi fort bisarres, qu'elle s'attache pour ainsi dire au sol qui l'a reçue, y prend racine, y croît, y fructifie. Une impression assez forte pour subsister dans notre cerveau, sans tenir par aucun lien à la série générale de nos idées, deviendroit aisément le principe dangereux d'une véritable aliénation d'esprit; et c'est dans une disposition de ce genre qu'on trouveroit, je crois, l'origine de toutes les folies qui ne dépendent pas de quelque vice organique. Au nombre de ces impressions funestes, ne faudroit-il pas compter les extravagances multipliées, où peuvent nous jeter les accès de toute passion capable d'interrompre subitement le cours de nos idées, de nos sentimens, de nos habitudes, pour nous livrer à la discrétion du mouvement qui nous domine, pour nous transporter avec une grande violence hors de nous-mêmes ?

Lorsque nous distinguons nos idées de nos impressions, nous entendons par idées les résultats du souvenir de ces impressions, ou les signes caractéristiques, naturels ou convenus, qui nous les rappellent. Sous ce rapport, l'influence que peut avoir par elle-même une simple idée sur nos sentimens ou sur nos actions, ne sauroit se comparer à celle de l'impression même la plus foible. Ce n'est qu'un chiffre, un hiéroglyphe dépourvu de tout intérêt, de toute force active. Mais ce chiffre, cet hiéroglyphe devient une espèce de talisman, doué de la plus merveilleuse puissance, lorsqu'il sert à représenter subitement à notre mémoire, à notre imagination, des souvenirs dont la vivacité nous rappelle de véritables sensations, des images propres à nous donner des sensations absolument nouvelles, des impressions souvent plus fortes que celles qu'auroit excitées la présence même des objets vus d'une manière isolée, avec moins d'appareil, de plus loin ou de plus près, que ne vient nous les offrir la magie de notre pensée.

Il est tel objet dont l'impression est plus forte, précisément parce qu'il est seul. Il en est d'autres dont l'impression devient plus vive lorsqu'il est entouré de circonstances, qui, faisant ressortir certaines parties, en voilent ou dissimulent d'autres. L'image de ce qu'on aime a quelquefois eu plus de pouvoir que la présence même de l'objet aimé. Tel homme n'eût peut-être jamais aimé la femme dont il est éperduement amoureux, s'il eût passé deux heures, deux instans de plus avec elle, le jour qu'il la vit pour la première fois.

Peut-être ne sera-t-il pas impossible d'appliquer quelque jour la sévérité du calcul au mouvement de nos forces morales, comme à celui de nos forces physiques. Peut-être parviendra-t-on quelque jour à savoir, avec la précision la plus géométrique, le rapport qui peut exister entre la force d'un sentiment et celle d'une idée, entre la force de tel souvenir et celui de telle sensation, entre la puissance de telle image plus ou moins vive, plus ou moins vraie, plus ou moins exagérée, et celle de telle impression plus ou moins durable.

En attendant que nos philosophes aient fixé les principes de cette nouvelle dynamique, il est plusieurs observations générales et particulières dont l'évidence ne sauroit être contestée, et dont l'application peut suppléer, à quelques égards, aux résultats plus précis qu'il faut espérer d'atteindre un jour.

L'impression la plus foible est celle qui

se confond avec beaucoup d'autres, quoiqu'il n'y en ait aucune qui soit dominante. Il est une foule d'objets que nous voyons habituellement sans les distinguer ; et nous devons être souvent assez étonnés d'appercevoir tout-à-coup, pour la première fois, ce que nous avons vu toute notre vie. (1)

L'impression la plus forte est celle qui concentre tellement tous les pouvoirs de notre attention, que nous ne saurions en être distraits, que nous ne le sommes pas même par d'autres impressions fort vives. Il est telle idée ou tel sentiment qui s'empare de nos facultés au point de nous

(1) C'est le petit signe au front de madame de la Sablière. Le remarquant tout-à-coup un jour qu'il se promenoit avec elle, son ami la Fontaine lui dit avec une sorte de surprise : « Voilà, madame, une petite marque sur votre sourcil droit que je n'avois jamais apperçue. » « Et, depuis quinze ans, c'est la première fois que vous l'appercevez..... Ah ! mon ami, vous ne m'aimez plus. »

rendre insensibles au plus grand bruit, de nous rendre indifférens au danger le plus manifeste.

Voilà les deux extrêmes. Entre ces deux extrêmes, que de nuances intermédiaires! Les impressions qui nous frappent en passant, que nous ne distinguons presque pas au moment où nous les recevons, mais auxquelles cependant notre souvenir nous rappelle, lorsque notre attention est plus libre ou plus reposée; les impressions qui ne sont pas assez fortes pour nous occuper, mais qui le sont assez pour nous distraire; les impressions qui, par elles-mêmes, n'eussent pas été remarquées, mais qui nous saisissent parce qu'elles se trouvent liées à celle qui nous intéresse; enfin les impressions que nous tâchons de fuir, mais dont la puissance nous poursuit au moment même où nous nous étions livrés aux impressions qui sembloient devoir nous en éloigner le plus sûrement. Quelle étrange force ne donnent pas la solitude et la nuit à l'image qui nous charme ou nous tourmente!

Il n'est pas beaucoup d'idées, il n'est pas beaucoup de souvenirs, sans doute, dont l'impression l'emporte sur la présence même des objets que ces souvenirs ou ces idées nous rappellent. Néanmoins il est très-évidemment certaines idées, certains souvenirs dont l'impression est fort au-dessus de la présence de certains objets; et c'est peut-être sur l'intelligence de ces deux principes, ou plutôt sur le parti que l'on peut tirer de ces deux expériences, que roulent toutes les grandes ressources de la religion et de la morale.

Les impressions que nous avons éprouvées, et celles dont nous sommes susceptibles, correspondent toutes à certaines idées ou certains signes, qui, par une suite d'analogie ou d'association quelconque, les rappellent ou les reproduisent avec plus ou moins d'énergie, plus ou moins de célérité. La présence de l'objet le plus indifférent a souvent plus de pouvoir qu'une simple idée, quelque importante qu'elle soit par elle-même, ou quelqu'intéressante qu'elle puisse être relativement à nous, puisqu'il suffit très-souvent de la seule présence de cet objet pour nous en distraire. Mais ce qui n'est pas moins vrai, c'est qu'un mot, un son, un simple accent, auquel la nature, l'usage, une convention tacite, ou quelque habitude particulière, nous aura fait associer certaines images, certaines impressions, peut détruire aussi tout l'effet de la présence même de l'objet le plus terrible ou le plus séduisant. C'est l'épée nue avec laquelle Ulysse conjure les charmes de Circé; c'est le *Hence* (loin d'ici), ce cri si tragiquement mêlé d'épouvante et d'intrépidité, le terrible *Hence* avec lequel Macbeth fait disparoître enfin l'ombre qui le poursuit, l'ombre vengeresse de Banquo. (1)

Comme la présence de tel objet a plus de pouvoir que tel souvenir, il y a tel autre souvenir, ou telle autre réunion de souvenirs, qui devient plus forte que la

---

(1) What man dare, I dare.
Approach thou, like the rugged Russian Bear,

présence de ce même objet. L'art d'opposer tour-à-tour nos impressions à nos souvenirs, nos souvenirs à nos impressions, est le seul moyen que nous ayons de les combattre ou de les modérer, de les

---

The arm'd Rhinoceros, or the hyrcanian Tyger;
Take any shape but that, and my firm nerves
Shall never tremble, Or, be alive again,
And dare me to the desert with thy sword;
If trembling I inhibit, then protest me
The baby of a girl. Hence, horrid shadow!
Unreal mockery, Hence!....

MACBETH. *Act. III. Scèn. IV.*

TRADUCTION.

Tout ce qu'un homme peut oser, je l'ose. Viens, aborde-moi sous la forme de l'ours féroce de la Sibérie, du Rhinocéros armé, ou du tigre d'Hyrcânie, sous toute autre forme enfin que celle que tu m'offres-là, et tu ne verras point mes nerfs agités trembler à ton aspect; ou bien reparois vivant, et viens me défier dans un désert, le fer à la main. Si tu me vois reculer et craindre de te combattre, alors donne-moi le nom de foible et timide enfant. Loin d'ici, ombre terrible! vaine vision, loin d'ici!

anéantir ou de les diriger vers un but raisonnable. C'est donc le secret le plus important de la grande science du bonheur et de la vertu.

Pour calmer, pour adoucir une impression qui nous agite trop vivement, il suffit quelquefois de nous éloigner de l'objet qui l'a fait naître, de réduire ainsi son influence à celle d'un simple souvenir, et d'essayer alors d'opposer au pouvoir qu'elle conserve celui d'autres souvenirs ou celui d'autres impressions plus vives, plus nouvelles, plus touchantes. Pour donner à des idées propres à régler sagement notre conduite une influence plus énergique, plus active ; c'est encore le secours de notre imagination qu'il faut implorer. Elle seule peut élever nos idées à la vérité d'un souvenir, leur prêter la forme et les couleurs d'un objet sensible, en porter l'illusion jusqu'à la vivacité d'un sentiment ou d'une sensation réelle.

C'est ce qui m'a fait dire souvent, mon cher Hypolite, que nos vertus et notre morale dépendoient moins de la sagesse de nos principes, que de l'intensité de notre mémoire ou de la mobilité de notre imagination. Je suis convaincu que les neuf dixièmes des hommes dont la vie fut souillée de grands crimes, étoient des hommes chez qui ces facultés n'avoient été développées ni par la nature, ni par l'éducation, et qui, par conséquent, n'avoient aucun moyen de résister à l'entraînement des premières impressions auxquelles ils se trouvoient livrés. La compassion, la sympathie, ces premières sources de tout sentiment moral, ne supposent-elles pas toujours une imagination plus ou moins susceptible? Les idées d'un avenir, soit très-prochain, soit très-éloigné, soit très-sensuel, soit très-métaphysique, la crainte d'un châtiment inévitable, l'espoir d'une rétribution quelconque, tous ces puissans soutiens de nos fragiles vertus, quel effet produiront-ils sur une imagination frappée d'inertie ou d'engourdissement?

Concluons de tout ceci, qu'il est d'une extrême importance que les premières idées de justice, de sagesse, de raison, nous saisissent de manière à laisser dans notre souvenir des traits assez sensibles pour occuper vivement notre imagination, pour lui donner la facilité de nous les retracer promptement, et de les associer, avec succès, à toutes les impressions qu'elle est disposée à recevoir. Il n'est aucun progrès de notre entendement, et de notre sensibilité, qui ne dépende du bonheur de ces associations. Il seroit à desirer qu'elles fussent toujours justes et naturelles; il en est pourtant quelquefois de bisarres ou d'arbitraires qui n'en ont pas moins de force, et que l'utilité de l'intention peut rendre respectables. Le moyen qui réussit le mieux, n'est pas le moins sage. Je crains bien, mon cher Hypolite, que votre goût n'accuse ma comparaison de marivaudage. Mais je suis tenté de vous dire qu'il y a dans les alliances de nos idées, si multipliées et si diverses, des mariages de convenance, et des mariages de fantaisie; des mariages extrêmement raisonnables, et des mariages extrêmement romanesques; que tous cependant sont assez heureux, si l'objet qu'il falloit se proposer se trouve parfaitement rempli.

SEPTIÈME LETTRE.

Il n'est point de traité de philosophie et de morale où l'on ne parle de l'importance des premières impressions, des premières idées qui se gravent dans notre souvenir ; mais j'ose croire, mon cher Hypolite, que cette importance doit paroître beaucoup plus sensible à quiconque aura daigné réfléchir sur les observations que contiennent mes précédentes lettres.

Une première impression, une première idée, lorsqu'elle est vive et frappante, devient une tige féconde, qui pousse naturellement une foule de branches et de ramifications, sur lesquelles viennent se greffer, pour ainsi dire, d'elles-mêmes toutes les impressions et toutes les idées dont les rapports peuvent avoir avec elle une analogie quelconque, ou d'objet, ou de caractère, ou de circonstances. Il existe dans le développement de nos idées une sorte de progrès que nous ne pouvons ni mieux suivre, ni mieux définir que celui de la végétation. Je vois, parce que j'ai vu; je compare, parce que j'ai comparé. Pour m'être souvenu d'une impression, j'en retiens une autre. Et je n'atteins une idée nouvelle, que parce que j'ai déjà saisi celle qui devoit la précéder. Une femme d'esprit appeloit la Fontaine son fablier; il produit, disoit-elle, des fables comme un pommier produit des pommes. Ce mot est d'une application beaucoup plus générale qu'il ne paroît l'être d'abord, parce que chez la plupart des hommes, les productions naturelles de l'esprit n'ont rien qui les distingue d'une manière assez sensible.

C'est ce degré d'attention, commun à-peu-près à tous les hommes, sur lesquels l'éducation peut influer avec le plus de succès, celui qui, par la manière dont il s'exerce, peut augmenter le plus sa prestesse, et son intensité naturelle. Mais il est une profondeur, une sagacité d'attention qui me paroît dépendre sur-tout des premières idées qui s'emparent de notre imagination. Lorsque ces idées se trouvent très-analogues au caractère particulier de notre esprit, à son étendue, à sa capacité, soyez sûr qu'elles l'élèveront rapidement à la plus grande hauteur qu'il puisse atteindre.

Si les premières impressions que recueille notre mémoire y sont marquées avec beaucoup d'ordre, de clarté, de précision, il n'y aura guères que des impressions du même genre, qui, dans la suite, laisseront une trace vive et profonde. Nous aurons l'esprit juste, par la seule raison que nous manquerons des matériaux nécessaires pour avoir l'esprit faux. Si les premières idées qui nous frappent sont des images fortes ou sensibles, sublimes ou touchantes, vraies ou mélancoliques, de simples raisonnemens, de froids calculs n'arrêteront guères notre attention; et si les circonstances n'entraînent pas notre esprit dans la carrière brillante de la poésie ou des arts, nous le verrons s'abandonner sans frein à toutes les passions, ou languir et s'éteindre dans la plus obscure médiocrité. Il est tel libertin qui n'est peut-être qu'un poëte manqué, comme il est aussi peut-être tel poëte qui n'eût jamais été qu'un libertin, si la fortune n'avoit pas contrarié de bonne heure ses goûts et ses penchans.

Voulez-vous un exemple mémorable du pouvoir et des suites d'une première impression? c'est le développement du génie de J. J. Rousseau. Quand l'académie de Dijon proposa le sujet de ce prix que l'éloquence du citoyen de Genève a rendu si fameux, ce grand homme, quoiqu'à cette époque dans la force de l'âge, n'avoit encore composé que de mauvaise musique et de plus mauvais vers. Il fit part à son ami Diderot du projet qu'il avoit de concourir. « Eh bien! quel parti prendrez-vous? » « Celui des sciences! » « Gardez-vous-en bien, ce seroit un lieu commun dont vous ne tireriez aucun parti. C'est l'inverse qu'il faut soutenir ; vous y trouverez bien d'autres ressources, et des ressources bien mieux adaptées au caractère de votre esprit, de votre humeur, de votre talent. » Le conseil étoit trop bon pour ne pas être suivi ; Rousseau, pour l'avoir oublié dans la suite, n'en profita pas moins, et vous savez avec quel succès. Peu de jours après la publication de l'ouvrage, le baron d'Holbach, ayant rencontré l'auteur à la promenade, lui prodigua tous les éloges dus à la manière ingénieuse dont il avoit soutenu le plus étrange des paradoxes. Rousseau les reçut avec reconnoissance, mais en convenant encore d'assez bonne grâce que ce n'étoit qu'un jeu d'esprit. Un mois après, lorsque l'opinion publique eut confirmé le jugement de l'académie, et que l'éloquence du philosophe genevois, après avoir enivré tous ses lecteurs, eût fini par l'enivrer lui-même, il retrouve M. d'Holbach, qui, le félicitant toujours, avec la même chaleur, du succès de son discours, se permet encore de lui parler du fond de l'ouvrage dans les mêmes termes que la première fois. Rousseau, loin de répondre alors dans le même sens, se fâche, s'emporte et se montre profondément blessé de ce qu'on a pu croire un moment, qu'il fût capable de se jouer ainsi de ses lecteurs, et de défendre un système dont il n'auroit pas la conviction la plus intime.

Le baron d'Holbach et ses amis m'ont raconté souvent ce trait comme une preuve remarquable de la charlatanerie de J. J. Rousseau. Je ne puis douter de la vérité du fait; mais on me permettra d'y voir toute autre chose. Je comprends parfaitement comment l'imagination du philosophe genevois a pu se tromper elle-même, comment échauffée par la méditation du paradoxe qu'elle avoit embrassé, ce qu'elle n'avoit regardé d'abord que comme une opinion plausible sous quelques rapports, étoit devenu pour elle enfin l'objet d'une véritable conviction; et cette conviction pouvoit avoir été renforcée encore par l'éclat d'un grand succès, par l'espèce d'engouement universel qu'avoit excité son discours, par les contradictions même qu'il avoit éprouvées de la part de plusieurs écrivains, qui, trop foibles pour lutter contre lui, n'avoient fait que donner plus d'éclat à son triomphe par la facilité de leur défaite. Ce qui me confirme dans cette idée, c'est que tous les ouvrages qu'il a publiés depuis, ne sont, à l'épreuve d'une analyse exacte, que le développement plus ou moins philosophique, plus ou moins éloquent de son premier paradoxe. Et voilà l'effet surprenant que produisit sur une tête demeurée jusqu'alors à-peu-près stérile, une première idée adaptée au caractère particulier de l'homme, de son organisation, de ses chagrins, de son humeur, des goûts et des affections de sa vie passée.

C'est un conseil sur la meilleure manière de remporter le prix d'une académie de province à qui vous devez le discours sur l'Inégalité, Julie, Emile, le Contrat social, les lettres de la Montagne.

Et si vous me fâchez, je vous prouverai, sans beaucoup de peine, que vous lui devez encore les troubles de Genève, le démembrement de la Pologne, l'établissement des Etats-Unis de l'Amérique, le bouleversement de la plus ancienne et de la plus florissante des monarchies, enfin l'ébranlement de tous les trônes, et de tous les gouvernemens de l'Europe. Car, de nos écrivains modernes, celui qui s'est permis les déclamations les plus fortes, les plus spécieuses, les plus violentes, contre le vice et les abus de toutes nos institutions sociales, c'est Rousseau. De nos écrivains modernes, celui dont les écrits ont porté l'atteinte la plus dangereuse à tous les principes, à tous les appuis de l'autorité, c'est Rousseau. C'est encore lui qui, nous vantant sans cesse le bonheur et les vertus de la vie sauvage, a réussi plus qu'aucun autre à calomnier toutes les jouissances qui ne sont dues qu'au progrès des arts et de la civilisation, à leur faire imputer tous les crimes et tous les maux de la nature humaine, à nous faire desirer par-là même de grandes révolutions, à préparer ainsi ces bouleversemens d'opinions, qui, sous le prétexte de ramener notre siècle à l'heureuse simplicité des premiers, menacent de le précipiter dans toutes les horreurs de l'anarchie la plus extravagante et la plus féroce. D'autres philosophes que Jean-Jacques ont prêché sans doute les mêmes doctrines ; mais il en est le véritable apôtre, parce que personne n'a possédé comme lui l'éloquence du raisonnement, parce que personne n'a porté plus loin que lui, l'art d'embellir ses maximes de tout ce qui peut séduire, entraîner et les idées passionnées de la jeunesse, et ses passions philosophiques. Le terrible rôle que les unes et les autres viennent de jouer dans notre politique moderne, ne sera pas sitôt oublié. (1)

---

(1) Je ne serois point étonné qu'un pressentiment trop bien justifié des atteintes funestes que ses écrits porteroient un jour à la puissance de

Je vous ai cité, mon cher Hypolite, l'exemple de Rousseau, n'en connoissant point qui soit tout-à-la-fois plus célèbre et plus singulier. Mais il en est une foule d'autres qui prouveroient d'une manière également remarquable l'ascendant prodigieux des premières impressions, des premières idées qui s'emparent d'une imagination propre à les recevoir, à les féconder. Vous m'avez souvent rappelé

---

tous les gouvernemens, au repos de toutes les sociétés politiques de l'Europe, n'ait été la véritable cause de l'espèce d'aliénation qui troubla les dernières années de sa vie; lorsque le peu d'égards qu'on lui témoignoit à la porte des promenades, au coin des rues, lui faisoit croire, le plus sérieusement du monde, que tous les rois et tous les ministres avoient conspiré sa perte. Hélas! les souverains ne songeoient guères alors à l'importance des suites que pourroient avoir de pareilles rêveries. Le grand Fréderic, long-tems si préoccupé lui-même de littérature et de philosophie, est peut-être le seul qui s'en soit douté. Voyez la fin d'un dialogue entre le prince Eugène, le duc de Marlborough et le prince de Lichtenstein.

vous-même, comment par hasard conduit pour la première fois dans la belle galerie de Dresde, Winkelmann, qui n'étoit alors qu'un maitre d'école de village, sentit, comme par inspiration, que la nature l'avoit formé pour être un des premiers juges de l'art, dans tous les genres et dans tous les siècles.

L'étude approfondie de pareils exemples, n'offriroit pas seulement un objet de curiosité fort intéressant. On y trouveroit, je pense, plus d'une instruction de la plus grande utilité. La première conséquence qu'il paroît naturel d'en tirer, c'est que s'il est une éducation particulière dont on puisse espérer quelque grand résultat, ce seroit celle qui, après avoir observé long-tems le sujet qu'elle prétend former, le présenteroit, pour ainsi dire, tout neuf à l'objet le plus propre à développer son génie ou son talent particulier, afin que cet objet fut à ses yeux ce que fut pour Achille l'aspect imposant des premières armes qui le frappèrent au milieu des jeunes filles, parmi lesquelles sa mère l'avoit fait élever à la cour de Scyros.

N'oublions jamais cependant que c'est la nature ou le hasard, et non l'instruction, qui forme et les grands hommes, et les hommes de génie. S'il pouvoit dépendre de nos foibles efforts d'en multiplier le nombre, peut-être qu'en bonne morale, et même en bonne politique, cet art périlleux devroit être interdit, ou renfermé du moins dans de justes limites. Il est si rare qu'un homme fort distingué par ses talens, ne le soit encore plus par ses peines et par ses malheurs. Il est si rare que la gloire des grands hommes ne coûte à l'humanité plus ou moins de repos, plus ou moins de bonheur. En réfléchissant, par exemple, à tout ce qu'a coûté celle des César, des Mahomet, des Frédéric, des Buonaparte, malgré l'admiration qu'elle m'inspire, il me semble que si j'avois un monde à recréer, on s'y passeroit de ce grand et sublime spectacle; les frais en sont trop immenses; le danger, trop redoutable; les résultats en bien, trop incertains; les suites évidemment funestes, trop longues et trop cruelles.

Il est quelques vérités, quelques règles de conduite, dont le souvenir paroît de la nécessité la plus indispensable pour la félicité de tous les hommes. Ne seroit-ce pas un soin digne d'occuper les meilleurs esprits que celui de chercher tous les moyens possibles de présenter ces vérités, de la manière la plus propre à faire, sur la classe nombreuse des esprits vulgaires, une impression également lumineuse, également profonde?

Après ce premier soin, je n'en connois point de plus important que celui de prévenir toute association d'idées qui pourroit altérer ou corrompre ces impressions premières, si ce n'est le soin si difficile de circonscrire les impressions nuisibles que l'on n'a pu ni prévenir, ni détruire. Ce dernier point mérite, ce me semble, une considération très-forte; et ce sera, je crois, le sujet d'une de mes premières lettres.

HUITIÈME LETTRE.

Si j'entreprenois de vous dire, mon cher Hypolite, combien d'associations d'idées différentes peuvent entrer dans notre esprit, toutes celles qu'il paroît former à sa propre fantaisie, et toutes celles qui s'emparent de notre attention malgré nous, il n'est aucune des connoissances, des erreurs, des folies de l'humanité que n'embrasseroit ce plan. Je n'ai point la témérité d'un pareil projet. Ce n'est pas avec quelques foibles apperçus que l'on forme un systême. Comment écrire avec méthode sur un sujet dont on ne connoît ni les bornes, ni l'étendue? Je risque de tomber dans des redites, peut-être même dans des contradictions du moins apparentes. Je risque de paroître encore plus gauche que l'homme à qui on disoit: « Ce que vous nous apprenez-là, monsieur, je le parirois, il n'y a pas long-tems que vous l'avez appris vous-même. » Car c'est presque toujours ce que je viens de penser que je m'empresse de vous écrire. Mais la franchise de cet aveu n'assure-t-elle pas mes droits à votre indulgence ?

Des associations d'idées qui semblent nécessaires, invariables, sont celles qui sont fondées sur des rapports réels, constans. Il est des idées qui se trouvent enchaînées l'une à l'autre par la nature même des choses, ou par la seule puissance du raisonnement. Lorsqu'une impression est toujours suivie des mêmes résultats, le souvenir de ces résultats devient inséparable de celui de l'impression dont ils sont le produit. Lorsque deux objets ressemblent à un troisième, il suffit de l'un des trois pour nous rappeler les deux autres. Ce que nous avons distingué dans un grand nombre d'objets déjà soumis à notre observation, nous l'appercevons avec plus de facilité dans ceux que nous offre un nouvel ordre de choses ou de circonstances. Rien n'est isolé dans la nature, et la série des rapports qui lient toutes les parties de ce vaste univers doit être éternelle. Ainsi, quelque chaînon de cette chaîne immense que nous ayons pu saisir, il semble que si quelque obstacle n'arrêtoit notre pensée, il la conduiroit de l'un à l'autre dans une progression infinie. C'est par ce moyen que l'intelligence humaine s'élève aussi quelquefois à une hauteur qui l'étonne elle-même. Cependant tout l'espace qu'elle a franchi, qu'est-ce en comparaison de celui qu'elle découvre après le dernier terme de ses efforts? Le voyageur qui vient de gravir au sommet des Alpes ne voit-il pas le ciel aussi loin de lui, que lorsqu'il erroit encore au fond des vallées que son œil distingue à peine?

S'il est un point de vue sous lequel on peut croire à la possibilité d'étendre à l'infini le cercle de nos idées, l'expérience nous prouve encore mieux la vanité de ce fol espoir. Quelque facilement que nous reconnoissions le même rapport dans une foule d'objets différens, il n'est aucun de ces objets, quelque rapproché qu'il soit de la portée de nos sens, dont nous ayons pu pénétrer tous les rapports. Il est donc une multitude d'observations qui ne nous donnent toutes que la même idée. Il n'est donc aucun chaînon de la chaîne éternelle des êtres, que nous puissions nous flatter d'avoir complétement saisi. Les rapports isolés, soumis une fois à la puissance du raisonnement, sembleroient devoir nous conduire en effet vers une progression d'idées sans bornes ; et c'est bien sur cette route-là que l'intelligence humaine a fait le plus de chemin, mais on ne peut se dissimuler que ce ne soit là presque un voyage imaginaire ; car, il est fort rare que le résultat d'un rapport isolé, s'applique avec justesse à ce même rapport pris dans son ensemble avec beaucoup d'autres.

Quelque infinie que puisse être, considérée en elle-même, la suite de certaines associations d'idées, nous en trouvons bientôt le terme dans les bornes même de notre capacité. Le nombre des impressions que notre souvenir peut se rappeler avec quelque vivacité sans les confondre, est plus borné qu'on ne pense. La série des rapprochemens ou des comparaisons que notre esprit peut suivre sans fatigue et sans distraction, ne l'est pas moins. Toutes les fois que cette série passe certaines limites, quoique toujours fort resserrées, nous sommes obligés d'avoir recours à des caractères, à des signes qui soulagent les efforts de notre mémoire, abrègent les intervalles que doit embrasser notre pensée, et confient, pour ainsi dire, à la vigilance de nos yeux le dépôt qu'elle ne se sent pas la force de retenir.

Comme dans les associations d'idées qui tiennent à la nature même des choses, ou bien à la précision rigoureuse du raisonnement, le passage d'une idée à l'autre est simple, n'offre qu'une nuance presque imperceptible, notre attention, dont le premier besoin est d'être réveillée, et qui ne peut l'être que par des contrastes ou des oppositions tranchantes, se détend facilement. Il n'y a que l'habitude acquise par des efforts souvent répétés, qui puisse nous donner la tenue et la patience nécessaires pour ce genre d'études. Le commun des hommes n'en est guères susceptible.

En méditant ces vérités, nous ne nous demanderons plus pourquoi des combinaisons d'idées purement philosophiques ont si peu de pouvoir sur la conduite des hommes, pourquoi la doctrine des sages qui n'ont été ni poëtes ni orateurs, n'est jamais sortie de la solitude de leurs déserts, pourquoi les opinions les plus absurdes ont fait quelquefois une si grande fortune, enfin pourquoi l'enfance des siècles se trouve toujours ramenée aux mêmes préjugés, aux mêmes erreurs.

Des associations d'idées inattendues, des rapprochemens singuliers, le hasard qui nous fait appercevoir tout-à-coup un rapport sensible entre deux idées, ou deux impressions qui nous paroissent fort loin l'une de l'autre, seront toujours d'un grand effet, auront toujours pour nous un grand charme, parce que ces traits frappent fortement notre attention; et l'espèce de surprise qu'ils nous causent, laisse le plus souvent après elle une trace vive et profonde. C'est dans cette disposition naturelle de notre esprit, qu'il faut chercher la véritable raison de tous les secrets, que l'éloquence et la poésie ont employés tant de fois avec succès, pour nous intéresser ou pour nous instruire. C'est dans cette même disposition qu'on trouveroit encore la meilleure manière d'expliquer les singularités qui font naître tant de passions diverses, qui tour-à-tour en précipitent le terme, en prolongent la durée. . . .

L'action de la pensée, comme celle de la vie, semble quelquefois suspendue; mais est-elle jamais entièrement arrêtée? L'une et l'autre ont leur tems de repos et leur tems de réveil, leur tems de langueur et leur tems d'énergie. Toute notre existence morale n'est qu'une succession continuelle de sensations et de souvenirs, d'idées et d'impressions. C'est du développement successif ou simultané de ces idées et de ces impressions, de leur voisinage habituel ou de leur rencontre fortuite, que dépend souvent la seule force qui les attache l'une à l'autre. Les associations de ce genre, je pense qu'on peut les appeler occasionnelles; et c'est peut-être la classe tout-à-la-fois la plus diversifiée et la plus nombreuse. Si les unes se trouvent fondées sur des rapports d'analogie ou d'homogénéité, d'autres résultent du contraste même de leurs oppositions, d'autres ne tiennent qu'à l'effort que fit notre attention pour les saisir dans le même instant, d'autres enfin ne doivent tout le charme de leur liaison qu'à la singularité même de leur rencontre.

Lorsque plusieurs idées et plusieurs impressions nous surprennent à-la-fois avec une grande vivacité, le choc tumultueux quelles excitent dans notre cerveau devient tantôt spirituel, vague, incohérent, comme le style du comte de L...; tantôt ridicule et puérile, comme le plaidoyer de M. Guillaume, dans l'Avocat Patelin; tantôt extravagant et féroce, comme la cohue de certaines assemblées; il est aussi quelquefois entraînant et sublime, comme le délire de Phèdre ou l'égarement de Clémentine, les fureurs d'Oreste ou la démence du Roi Léar.

Il n'est personne, je crois, qui n'ait éprouvé souvent le pouvoir qu'exerce sur notre imagination la présence de certains objets, la vue de certains lieux par eux-mêmes assez indifférens, mais auxquels, par hasard ou par habitude, nous aurons attaché quelque souvenir qui nous afflige ou nous intéresse. Quel est l'homme qui puisse revoir sans émotion l'endroit où il vit pour la première fois sa maîtresse ou son ami?

J'ai quelquefois aimé, je n'aurois pas alors,
Contre le Louvre et ses trésors,
Contre le firmament et sa voûte céleste,
Changé les bois, changé les lieux
Honorés par les pas, éclairés par les yeux
De l'aimable et jeune bergère
Pour qui, sous le fils de Cythère,
Je servis engagé par mes premiers sermens...

Quel est le philosophe ou le poëte qui ne pense ou ne rêve avec plus de facilité dans une situation que dans une autre?

l'un à la campagne, dans la retraite, à l'ombre des forêts; l'autre au milieu du fracas des grandes villes; celui-ci renfermé dans sa chambre entre quatre rideaux, un autre dans l'ivresse de toutes les distractions qu'offre la société. Il est des esprits habituellement assez actifs, que la tranquillité des champs dispose à la rêverie, au repos, à je ne sais quelle douce manière de végéter, qui finit par les engourdir et les rendre paresseux. Buffon, pour jouir de toute la liberté de ses pensées, se renfermoit dans une grande salle de son château de Montbar, où l'on ne voyoit que les quatre murs, sans autres meubles que ceux dont il avoit besoin pour écrire. C'est en courant les grandes routes, dans le fond d'une chaise de poste, que Montesquieu composoit les morceaux de ses ouvrages qui lui coûtoient le plus d'effort. Avec quel soin ne doit-on pas rechercher toutes les méthodes générales et particulières de se guérir, ou de se préserver de la distraction, la maladie la plus commune de l'esprit! Il n'est dans ce genre aucun artifice à dédaigner, quelque singulier, quelque minutieux qu'il puisse paroître.

Comme il est des associations d'idées, déterminées par la nécessité des choses, par la force du raisonnement, ou par le seul ascendant des circonstances, il en est aussi sans doute qui semblent l'ouvrage de notre propre choix, de notre propre volonté. Nous ne retenons jamais plus distinctement certaines idées, qu'après les avoir attachées à des images sensibles ou frappantes; l'idée de la beauté, par exemple, au souvenir de la Vénus de Médicis, de l'Apollon du Belvédère; l'idée d'une destinée inévitable à l'histoire tragique d'OEdipe, à l'image imposante de la chaîne suspendue par Homère au pied du trône de Jupiter; l'idée d'une nature romantique et et champêtre au souvenir de Richmond, de Lucienne ou de Tivoli, aux collines aérées et riantes de Berghem, aux riches campagnes de Claude Lorrain; l'idée de l'austérité des vertus républicaines, au courage de Brutus immolant ses deux fils à la liberté de son pays, à celui de Régulus retournant librement à Carthage pour dégager sa parole et subir le plus affreux supplice, à l'intrépidité des sénateurs Romains attendant dans leur chaise curule les Gaulois et la mort; les idées de générosité, de clémence au tableau touchant qui termine la tragédie d'Alzire, à la reconnoissance pathétique de Joseph et de ses frères, à la belle scène d'Auguste et de Cinna.....

Je rappelle ici les premiers traits qui s'offrent à ma mémoire; ma phrase deviendroit aisément un livre, si je ne me pressois pas de l'interrompre; mais ce livre après tout seroit peut-être plus utile que bien d'autres. Je suis sûr du moins que la meilleure méthode de graver dans l'esprit de la jeunesse les idées de métaphysique et de morale, dont il est à desirer qu'elle ne perde jamais le souvenir, ce seroit de les faire toujours suivre ou précéder de l'image la plus propre à rappeler ces idées par quelques traits frappans. Le génie philosophique qui feroit dans cette vue un recueil de tableaux choisis non-seulement dans l'histoire, mais encore dans les poëtes, au théâtre, dans les romans, dans les contes, dans les fables, dans les œuvres des meilleurs artistes, rendroit à l'instruction le plus éminent service. Ce seroit là le véritable *Orbis pictus* dont l'éducation pourroit recueillir un avantage réel; mais quelque heureusement que fût executée l'entreprise, je pense qu'elle ne pourroit l'être bien, qu'autant qu'elle le seroit à l'usage des instituteurs, et non pas à l'usage direct de l'enfance. Ainsi je voudrois que l'ouvrage, au lieu d'être composé de volumes, le fut de cartons, dont l'instituteur pourroit intervertir ou régler l'ordre, suivant sa fantaisie, ou plutôt suivant le caractère ou les dispositions particulières de son élève.

J'ai vu souvent à Paris un jeune homme fort léger, fort paresseux, à qui l'on avoit fait faire un cours d'histoire de France assez complet, sans l'obliger d'ouvrir un livre, en dirigeant avec méthode ses promenades d'un monument à l'autre, depuis la statue de Louis XV, jusqu'à l'ancienne église de Sainte-Geneviève, fondée, dit-on, par l'épouse de Clovis. Et ce n'est pas le dernier exemple par lequel je vous prouverai, mon cher Hypolite, que l'imagination bien dirigée est le meilleur maître de philosophie, de morale et d'histoire que nous ait donnné la nature.

NEUVIÈME LETTRE.

Quondam citharâ tacentem
Suscitat musam. . . . . .
. . . . APOLLO. HORAT. (1)

PLUS l'imagination est naturellement active, naturellement productive, plus il me paroît difficile de déterminer quelle est la culture qui lui convient le mieux; ce seroit une tentative fort vaine ou fort superflue que celle de vouloir lui donner la fécondité dont elle n'a pas besoin, ou dont elle n'auroit pas reçu le premier germe. Il y a des terres qui, sans culture,

(1) Souvent Apollon réveille, au son de sa lyre, les Muses endormies.

ne produiroient que des herbes malfaisantes, ou demeureroient stériles. On est dispensé de cultiver les Alpes; et l'heureux pâtre qui les habite, le voyageur qui vient rendre hommage à leur antique majesté, n'y trouvent pas moins les plantes les plus salubres, les plus belles fleurs, les parfums les plus exquis.

Je suis loin de penser, mon cher Hypolite, qu'il faille abandonner l'imagination à ses propres caprices, ou la livrer uniquement aux faveurs de la nature et du hasard. Mais j'ose soutenir que de toutes nos facultés, c'est celle qui demande les soins les plus délicats, qu'il faut l'attirer plutôt que la conduire, la séduire plutôt que la diriger, la diriger sans qu'elle s'en doute, et préparer le chemin qu'elle est tentée de suivre, sans tâcher même de la déterminer à le prendre, lorsqu'elle n'y paroît pas disposée par son propre choix.

L'imagination, ainsi qu'un autre sens, que Montaigne regardoit aussi comme une des premières puissances de l'économie humaine, refuse presque toujours ce qu'on lui demande trop directement, avec une violence trop ouverte ou trop importune; elle n'aime pas à accorder non plus, ni ce qu'on lui demande avec une défiance timide et gauche, ni ce qu'on paroît trop sûr d'obtenir d'elle sans aucune peine ou sans aucun empressement. Ce qui n'est pas moins démontré par l'expérience, c'est qu'ainsi que cet autre sens, lorsque l'imagination s'est enivrée une fois de l'objet qui l'occupe, tous ces soins, tout cet art, deviennent assez inutiles.

Deux moyens très-contraires en apparence, sont peut-être également propres à disposer l'imagination au travail, l'exercice et le repos. L'habitude de produire, l'ennui de ne rien faire, entretiennent et raniment tour-à-tour l'énergie de son activité. C'est en faisant succéder avec sagesse le sommeil à la fatigue, et la fatigue au sommeil, que nous conservons toutes nos forces, et que nous augmentons surtout la prestesse et l'intensité de leur ressort.

Exciter l'imagination, réveiller chez elle le desir de voir et de créer, est sans doute le premier soin de l'espèce de culture qu'elle exige; mais ce soin n'est pas le plus difficile, du moins dans l'âge heureux où l'âme est ouverte à toutes les impressions nouvelles; alors, presque toutes le sont encore. Un soin plus pénible, et qui suppose une expérience plus profonde, est celui de donner à quelques-unes de ces impressions premières plus de suite et de consistance, d'en fixer, pour ainsi dire, l'éclair, tandis que les autres s'éloignent ou s'évanouissent.

L'homme qui connoîtra le mieux le mouvement habituel des passions, est sans doute aussi celui qui jugera le mieux de la meilleure méthode d'enchaîner l'application; il essaiera tantôt de l'attacher de suite au même objet, tantôt de l'en détourner avec adresse. Il préviendra le moment de la lassitude, attendra celui du desir, quelquefois même celui de l'impatience ou du plus violent ennui; il cédera tantôt avec complaisance à toutes les fantaisies de l'imagination, et tantôt il saura la subjuguer avec la force la plus sévère, avec l'empire le plus décidé.

Il en est de cette faculté de notre ame comme de nos sens. Un exercice modéré la repose, une trop longue oisiveté l'accable et l'engourdit. Les impressions de tout objet nouveau sont plus vives, celles de tout objet d'habitude, lorsqu'elles n'ont pas perdu l'intéret par lequel nous y sommes attachés, nous donnent tout-à-la-fois des jouissances plus durables et plus variées. Ainsi, ce ne sont que les objets dont notre imagination a l'habitude de s'occuper, qui peuvent donner à ses conceptions une longue suite, une grande étendue, un profond intérêt. La plus voluptueuse, la plus séduisante des Phrynés, n'inspira jamais autant d'amour, autant de baux vers que Laure ou Julie.

On peut augmenter l'activité de son application, on peut en prolonger la durée sans danger, en passant par quelques intervalles de repos d'un sujet à l'autre; mais un passage trop subit peut avoir les conséquences les plus funestes. Le jeune E.... s'étoit livré jusqu'à l'âge de vingt ans avec une sorte de fureur à l'étude des mathématiques. Ses meilleurs amis, s'occupant tous de belle littérature, lui faisoient souvent la guerre sur la sécheresse des sciences qui jusqu'alors l'avoient entièrement absorbé. Par réflexion ou par entraînement, il crut un malheureux jour avoir tort; et voulant réparer sa faute, il s'enferma pendant quelques semaines à la campagne, pour lire et méditer tous nos grands poëtes, et sur-tout Milton. Cette étude si neuve pour lui passionna tellement notre jeune géomètre, qu'il en perdit bientôt le souvenir de tous ses calculs, de toutes ses équations, de tous ses problémes, mais en même-tems aussi l'usage de sa raison. Il ne voyoit plus autour de lui que des diables et des anges, la nuit et le cahos, le paradis et les enfers. L'infortuné jeune homme! Quelques soins que lui prodiguèrent l'art des médecins, la tendresse de ses parens, la douleur de ses amis, on ne put le rendre à lui-même;

mais il ne survécut pas long-tems à cette infortune.

S'il est beaucoup d'hommes qui n'ont point d'imagination, parce qu'ils ne la cultivèrent jamais, il en est beaucoup aussi chez qui les efforts d'une éducation prématurée ou les travaux d'une étude stérile et pesante ont dû l'étouffer et l'éteindre. Que d'enfans nés pour être poëtes, que l'habileté de leurs instituteurs a su dégoûter de la Fontaine et de Racine, d'Horace et de Virgile! Il y a bien long-tems que je me suis réconcilié, de la meilleure foi du monde, avec tous nos auteurs classiques; mais je crains bien de n'avoir pu pardonner encore à Cicéron toute l'humeur et tout l'ennui que me causèrent, à l'âge de neuf ans, quelques-unes de ses plus belles harangues, et son sublime Traité de la vieillesse ou de l'amitié. Le meilleur des pères n'avoit pourtant rien négligé, ni pour me les faire comprendre, ni pour me les faire aimer.

Avez-vous jamais rêvé, mon cher Hypolite, à toutes les règles de conduite que devoit se prescrire un honnête homme, pour assurer le bonheur de sa compagne et le sien? Ce sont précisément ces maximes-là que doit suivre notre esprit à l'égard de notre imagination. Ce que nous faisons de mieux dans la vie, c'est par les femmes et pour les femmes, c'est par l'imagination et pour l'imagination. Des femmes et de l'imagination dépend le peu de félicité dont nous pouvons jouir dans ce monde; et je ne vois pas deux manières de les diriger ou de les servir, de solliciter leur faveur ou de la conserver, de prévenir leurs torts ou de les réparer, d'échapper à leur caprice ou d'en tirer avantage.

Tout ce qui manquera donc à notre logique de l'imagination, vous le trouverez dans Ovide ou dans la nouvelle Héloïse.

DIXIÈME LETTRE.

Il y avoit à Padoue un franciscain qui ne sortoit guères de sa cellule, et jamais de son couvent. C'étoit un homme d'un caractère doux, rempli de lumières et d'instruction. Il n'avoit qu'un travers sur lequel il ne falloit pas le contrarier, c'étoit de se croire à Venise. Comment, disoit-il, avec beaucoup d'humeur, comment vouloir me persuader que la cloche que nous entendons n'est pas celle de, je ne sais plus quel quartier de Venise, où le bon père avoit demeuré quelque tems. (1) Toujours renfermé dans sa retraite, le son de cette cloche étoit probablement une des impressions du dehors dont il avoit été le plus frappé. De retour à Padoue, après un sommeil profond, à la suite de

---

(1) Le père Rouillé, qui a donné une volumineuse histoire romaine, s'étoit tellement occupé toute sa vie de tout ce qui avoit rapport à la ville de Rome, que vers la fin de sa vie, qui a été fort longue, il s'imagina qu'il avoit vécu long-tems dans cette ville. Lorsqu'il rencontroit un voyageur qui avoit été en Italie, il lui parloit des quartiers, des rues, des monumens de Rome, comme s'il y avoit passé sa vie.

quelque indisposition, ou peut-être aussi de quelque rêve, un son analogue à celui de cette cloche en ayant renouvelé tout-à-coup le souvenir, il pouvoit avoir été suivi d'autres circonstances qui, prolongeant la première impression, l'avoient renforcée au point d'en faire, d'une surprise bisarre, d'une prévention vive et soudaine, une opinion d'abord douteuse, ensuite extrêmement vraisemblable, enfin quoique isolée dans le cercle habituel de ses idées, une conviction parfaite et prédominante.

N'allons point nous moquer, mon cher Hypolite, du pauvre franciscain. Il est des préventions plus ridicules, et sûrement tout aussi fausses, quoiqu'elles le soient peut-être d'une façon moins sensible, dont les gens d'esprit se laissent entêter tous les jours, et quelquefois par des méprises d'imagination également frivoles. Croyez-vous, par exemple, que ces vieillards qui, se sentant rappelés au tems de leur jeunesse par quelques souvenirs aimables, par quelques fantômes de desir, se persuadent qu'ils sont encore dans leur automne ou dans leur été, ne sont pas tout aussi fous que l'étoit le bon père, lorsqu'il entendoit sonner sa cloche favorite, de se croire encore à Venise?

Quoique beaucoup plus sombre, et par cette seule raison là, peut-être beaucoup plus insensée, n'étoit-ce pas encore une prévention de ce genre que celle du célèbre Pascal qui, depuis la terrible chûte qu'il fit en voiture sur le pont de Neuilly, voyoit toujours à ses côtés un gouffre prêt à l'engloutir? Il y a tout lieu de présumer que l'émotion physique, causée par cet accident, s'étant mêlée aux saintes rêveries dont il étoit préoccupé, fut en effet la véritable origine d'une si funeste illusion, et de toute l'influence qu'elle eut sur la suite de ses pensées et de ses habitudes.

La rencontre, le choc fortuit de certaines circonstances et de certaines impressions, produit les associations d'idées les plus arbitraires, et leur force devient quelquefois irrésistible. Les différentes facultés de notre être, surprises comme au même instant, se trouvent entraînées avec violence vers le même point. Dans ces conceptions imprévues, et pour ainsi dire convulsives, tout ce que peut saisir l'imagination, s'unit fortement; et les fantômes les plus bisarres acquièrent ainsi tout l'empire de la réalité. C'est à des créations de cette espèce que nous devons évidemment la plupart des folies superstitieuses qui se sont répandues dans le monde, et dont quelques-unes ont fait une si grande fortune, tantôt pour le malheur, et tantôt pour la consolation du genre humain.

Dans le cours ordinaire de la vie, dans la succession la plus habituelle et la plus paisible de nos idées, vous n'aurez pas manqué d'observer, mon cher Hypolite, l'extrême penchant que nous avons toujours à chercher une liaison quelconque entre les différens objets qui nous frappent en même-tems, à lier entr'eux les événemens qui se suivent, à les attacher en quelque sorte à la même chaîne d'idées et d'impressions. Ce que nous n'avons pas l'habitude de fixer de cette manière dans notre mémoire, nous ne l'y retenons pas long-tems, quand même le hasard ou quelque intérêt momentané nous l'eût fait recueillir d'abord avec assez d'avidité. Si cette disposition naturelle est une des plus grandes ressources que nous ait données la nature pour perfectionner notre esprit, il est aisé de voir qu'elle peut aussi le conduire à de grandes erreurs, à des préventions fort étranges.

Ce que nous ne pouvons pas concilier avec la suite ordinaire de nos idées, nous sommes fort tentés de le rejeter et de fermer ainsi les yeux aux vérités les plus incontestables, lorsqu'elles s'écartent du systême ou de l'ensemble d'idées auquel nous tenons. Il arrive de là que beaucoup d'hommes ne surent jamais apprendre autre chose que ce qu'ils savoient déjà.

Le desir de trouver des rapports entre les choses et les idées que nous appercevons en même-tems, ou qui se succèdent le plus immédiatement, nous fait adopter tous les jours les opinions les plus hasardées, les chimères les plus disparates.

Tout effet qui nous surprend, qui nous intéresse fortement, et dont nous ne voyons point la cause, nous sommes disposés à l'attribuer à quelque cause inconnue, et nous la cherchons dans toutes les circonstances qui l'ont précédé. C'est la logique de l'amour, de la jalousie, de la passion du jeu, de toutes les passions dont le cœur humain peut être susceptible. Il n'en est aucune, par cette raison là, qui ne nous fasse croire en quelque sorte aux influences, aux vertus secrettes, aux pressentimens, aux présages, aux superstitions de toute espèce.

Je vécus moi-même trop long-tems sous l'empire de ces passions pour ne pas en avoir connu, j'aurois dû dire, partagé toutes les erreurs. Il en est même dont les tristes leçons de l'âge et de l'expérience ne m'ont pas encore entièrement guéri. Par exemple, je ne puis m'empêcher de croire toujours aux indications, si ce n'est pas miraculeuses, au moins très extraordinaires, que semble donner quelquefois un simple rapport de sympathie entre deux êtres intimement liés. Je pense avoir éprouvé cent et cent fois que ce qui touche d'une manière essentielle à la chaîne qui les lie, est ressenti par eux avec plus ou moins de vivacité, malgré la distance qui les sépare, malgré tous les voiles qui les cachent l'un à l'autre. Pour être scrupuleusement vrai, je dois ajouter encore qu'une très-grande distance, qu'une absence prolongée m'ont paru détruire presque en entier les effets merveilleux de semblables rapports.

C'est peut-être à des rapports de ce genre qu'il faut attribuer la doctrine si répandue dans la Haute-Ecosse de cette espèce de divination qu'on appelle *second sight*. « Cette *seconde vue*, dit le D. Johnson, est une impression faite ou par l'entendement sur les yeux, ou par les yeux sur l'entendement, au moyen de laquelle les objets éloignés ou futurs sont apperçus et reconnus comme s'ils étoient présens. Les personnes douées de cette faculté de perception toute particulière, ne peuvent l'exercer constamment, encore moins à volonté.... Aux objections, on peut répondre, ajoute Johnson, que cette seconde vue n'est miraculeuse que parce qu'elle est rare. Considérée en elle-même, elle n'offre pas plus de difficultés à résoudre que nos songes, peut-être même que l'exercice le plus ordinaire de notre faculté pensante. Les idées d'impulsions secrètes, de pressentimens, de visions soudaines, ont été généralement répandues dans tous les siècles et chez toutes les nations. On en cite tant d'exemples remarquables et d'une telle évidence, que ni Bayle ni Bacon n'auroient pu se refuser d'y croire. Soyez sûr encore qu'il est beaucoup de ces impressions prophétiques justifiées par l'événement, que ceux qui les avoient ressenties se sont bien dispensés d'avouer ou de publier. La foi qu'ont les habitans des Hébrides à cette seconde vue, prouve donc seulement qu'un pouvoir qui n'est inconnu nulle part, se manifeste là plus fréquemment qu'ailleurs. Sur tout ce que nous ne pouvons décider par des raisons antécédentes, ou bien *à priori*, ne sommes-nous pas forcés de nous en rapporter à l'autorité des témoignages? » L'espèce d'action, l'espèce de puissance qu'exerce l'imagination durant notre sommeil sans notre volonté, indépendamment de toute application, de toute intention préméditée, pourquoi ne l'exerceroit-elle pas aussi dans un état de veille analogue à l'état de sommeil, comme celui d'une habitude, devenue, pour ainsi dire, machinale, celui d'une profonde rêverie, d'une longue distraction, causée par la présence ou par le souvenir d'un objet qui nous auroit vivement frappé?

On a dit souvent que les visions, les pressentimens, les inspirations soudaines, toutes les bonnes fortunes de ce genre, n'arrivoient qu'à ces hommes que des philosophes glacés appellent, avec beaucoup de dédain, des hommes à imagination. Mais ne seroit il pas très-possible, en effet, qu'il n'y eut que l'homme doué dans un degré fort éminent de cette première faculté, l'imagination, qui fut aussi susceptible de toutes les autres, et sur-tout de celles qui ne peuvent dépendre que d'une extrême sensibilité, de la sensibilité tout-à-la-fois la plus subtile et la plus pénétrante ? Présager, pressentir, prophétiser, ne sont pas les seuls miracles qu'un homme à imagination fasse incomparablement mieux qu'un autre. Je le répète avec le D. Johnson, les faits bien examinés, les expériences une fois bien constatées, il seroit, ce me semble, fort inutile de vouloir discuter encore leur vraisemblance ou leur possibilité....

ONZIÈME LETTRE.

Une idée, une passion, ces deux mots ne présentent assurément pas le même sens; mais en y voyant deux modifications très-distinctes, on a trop oublié qu'elles appartiennent à la même faculté, qu'elles dépendent de l'exercice du même pouvoir. Il sembleroit que ce sont deux puissances différentes qui n'ont ni la même origine, ni le même but, ni les mêmes intérêts. En conséquence, la politique de nos moralistes a cherché plus d'une fois le secret de les mettre aux prises, de les combattre l'une par l'autre, et d'affoiblir ainsi l'influence qui pourroit rendre l'une des deux trop prédominante ou trop redoutable. Ce que l'on est convenu dans le monde d'appeler passion, aux yeux d'un observateur éclairé, ne sera souvent qu'une idée, et même une idée assez légère, assez fugitive. Par la même raison, ce qui passe pour une simple idée, sera fort souvent à ses yeux une véritable passion, une passion très-vive et très-forte. Toute impression profonde qui détermine nos vœux, nos pensées, nos efforts à se porter vers le même objet, quel qu'il soit, est une passion. Ce seroit la plus belle femme, le plus riche trésor, le poste le plus brillant dont on auroit un moment la fantaisie pour n'y plus songer l'instant d'après, que cette fantaisie ne seroit bien véritablement qu'une idée, encore à peine une idée, tout au plus l'apperçu d'un vain songe. Dans tous les desirs, dans tous les goûts réunis de nos jeunes libertins, vous ne trouveriez donc pas à composer un sentiment qu'un homme raisonnable fut tenté d'honorer du mot de passion? Mais quelques abstraites que soient les idées de patrie, d'amour divin, de géométrie ou de calcul, vous ne pourrez vous dispenser de convenir qu'Aristide eut la passion de son pays; Fénélon, celle de son Dieu; Archimède ou Newton, celle de leur science. Que de simples idées ont fini par devenir des passions dominantes et même contagieuses! Que de passions ont été réduites par la force du tems et des circonstances, par le cours naturel de leur propre mouvement, par l'influence de quelqu'autre passion prédominante à ne plus être qu'une idée stérile, un souvenir plus ou moins doux, plus ou moins pénible!

Une entreprise plus conforme, ce me semble, à la nature de nos moyens et de nos facultés que celle de combattre nos passions par nos idées, ou nos idées par nos passions, c'est de réduire l'influence d'une passion à celle d'une idée, ou d'élever celle d'une idée à l'influence d'une passion. Car, ce que la nature fait de nous, sans que nous prenions la peine de nous en occuper, nos intentions réussissent souvent à le faire comme elle, et quelquefois plus promptement; les efforts d'une résolution déterminée paroissent du moins hâter la lenteur secrette de ses mesures et de son travail.

Il est impossible de réfléchir avec un peu de suite, avec un peu de pénétration, et d'avoir une grande idée de la puissance qu'il nous est donné d'exercer sur nous-mêmes. Mais toute la métaphysique du monde nous démontreroit le contraire, qu'il est cependant une infinité de circonstances où l'on ne sauroit nier que nous avons la conscience la plus intime de l'empire que peut prendre notre volonté sur nos pensées, sur nos affections les plus vives. S'il est en nous quelque émanation de l'Être suprême, c'est dans cette faculté, plutôt que dans toute autre, qu'elle se manifeste de la manière la plus sensible. Il y a beaucoup moins de distance entre l'homme qui pense le plus et l'homme qui pense moins, qu'entre l'homme doué de la volonté la plus forte et l'homme qui ne sait vouloir que foiblement. Qu'est-ce que le premier des philosophes peut savoir de plus que l'homme le plus ignorant, aux yeux d'un ange ou d'un être quelconque d'une espèce supérieure à la nôtre? Malgré toute sa science, il sera souvent l'esclave d'une femme, d'un enfant. L'homme qui veut tout ce qu'il sait, tout ce qu'il est sûr de pouvoir, n'a jamais d'autre maître que lui-même, et peut devenir maître du monde. Penser, ainsi que pensent la plupart des hommes, n'est guères qu'un jeu plus difficile, plus grave qu'un autre. Vouloir, est le mot qui renferme l'idée de toutes les ressources, de toute la puissance, de toute la dignité de l'homme.

Aux yeux de quelques métaphysiciens, la nature entière n'est que le développement continuel d'une force éternelle dont les émanations particulières naissent, s'accroissent et s'évanouissent dans les limites d'un tems donné. Ces philosophes osent n'attribuer à la divinité que le pouvoir d'arrêter et de circonscrire le progrès de cette force, qu'ils regardent comme un résultat nécessaire du premier mouvement imprimé par la nature même des choses. Sans examiner ici toutes les raisons de la vraisemblance ou de l'autorité de ce système, j'y trouve l'image la plus auguste et la plus vraie de l'espèce de pouvoir que l'homme peut exercer sur lui-même. Nous ne saurions nous donner les forces que la nature et le sort nous refusent; mais notre intelligence, notre volonté guidée par elle, semblent souvent chargées du travail de les étendre et de les développer. Ce qui paroîtra, je crois, moins douteux encore, c'est qu'elles ont une sorte de puissance d'inertie, pour en arrêter ou pour en circonscrire le développement, lorsque l'impulsion reçue n'a pas dépassé certaines bornes; et c'est sur le succès constant de cette expérience qu'est fondée la vérité de cette maxime si vulgaire, *principiis obsta* (1).

(1) Combattez dès le principe.

M. le baron de Gleichen, dans ses paradoxes de métaphysique, prétend que le diable, le principe du mal, dut échapper à l'immense, à l'infinie variété des productions nécessaires de la puissance éternelle, que toute la prévoyance de l'Être des êtres ne pouvoit l'empêcher; mais que le cercle dans lequel sa sagesse a renfermé les effets inévitables de ce principe destructeur, en arrête l'influence, en borne l'empire, et le circonscrit sans cesse dans des limites plus resserrées. Je ne sais si le baron philosophe a pénétré mieux qu'un autre la profondeur de ces mystères; mais ce qu'il a cru voir dans l'économie de l'univers, je le vois assez clairement, ce me semble, dans celle de notre être. Le développement naturel de nos forces physiques et morales ne pouvoit manquer de produire toute l'effervescence des passions, et par conséquent tous les désordres qui marchent à leur suite. L'austère philosophie d'Epictète et de Zénon, la sainte opiniâtreté d'un Quaker, ne leur opposent que des barrières impuissantes.

Pour ne pas faire de leurs disciples de vils hypocrites, elles n'ont qu'un moyen; c'est de les empêcher, s'il est possible, d'être hommes.

La société, que depuis trente ans on a pris à tâche d'accuser de tous nos maux, n'a développé cette multitude de passions malfaisantes dont la nature humaine est susceptible, que parce qu'elle en a développé toutes les facultés et toutes les forces. Elle n'est pas plus coupable d'avoir fait ces passions, que ne l'est le dieu du baron de Gleichen, d'avoir fait le diable. Tout ce qu'on peut exiger d'elle, c'est qu'ainsi que ce dieu rempli de prévoyance, après leur avoir fait la part qui leur revient nécessairement, elle les renferme dans des limites d'une juste étendue, dans des limites tracées d'une main ferme et suffisamment éprouvée; ces limites, ce sont de bonnes lois, des tribunaux bien constitués, une religion simple, mais imposante tout-à-la-fois, des administrateurs dont le choix ne puisse reposer que sur des hommes remplis d'énergie et de probité, le rempart d'une armée bien disciplinée, avec des ressources toujours ouvertes au travail, à l'industrie, à l'indigence même, lorsqu'il ne lui reste plus d'autre secours ni d'autre asyle que la bienfaisance publique.

Toute passion dans son principe n'étant qu'une idée, une impression plus ou moins vive, il est évident qu'elle peut être combattue alors, avec avantage, par d'autres idées, par d'autres impressions, assez vives pour nous en distraire. Mais lorsque notre imagination s'est livrée, pour ainsi dire, toute entière au pouvoir d'une fantaisie, lorsqu'elle en est tellement possédée qu'elle ne peut l'être par aucune autre pensée, par aucune autre impression, il n'y a plus que l'empire des choses ou celui de la nécessité qui soit capable d'arrêter une impulsion si forte, si prédominante. C'est à cet empire qu'il faut que la sagesse elle-même ait recours, pour triompher d'une impulsion dont il n'est plus en son pouvoir de prévenir autrement les suites; encore n'est-il pas toujours certain que ce secours lui réussisse. L'impossibilité physique de s'occuper de l'objet de sa passion est donc l'unique moyen d'en modérer, d'en affoiblir la puissance. Les partis violens sont alors les seuls dont on puisse espérer quelque succès. Quand les charmes d'Eucharis l'emportent sur les leçons du sage Mentor, celui-ci ne voit plus d'autre ressource que de se précipiter avec son élève au fond de la mer. L'amitié, disoit par la même raison le maréchal de Richelieu, l'amitié peut se découdre; il faut que l'amour se déchire. (1)

Des lois sévères, mais justes, habilement combinées avec la force des circonstances, avec l'ascendant du climat, avec les habitudes, les besoins et même les préjugés dominans du caractère national, se confondant aux yeux du peuple avec l'irréfragable autorité des arrêts de la destinée, la barrière formée par de pareilles lois est comme celle de la nécessité

(1) C'est la traduction littérale d'une pensée de Pline le jeune.

même. Il n'est guères de passion dont elle ne modère ou ne repousse la violence. Ainsi toute société sagement organisée, en excitant toutes les passions, car ce n'est qu'à ce prix qu'elle peut développer toutes les vertus, trouve aussi dans les principes même de son organisation les moyens les plus propres à les réprimer, à les contenir. Mais ce que le philosophe et le législateur ne doivent point oublier, c'est que toute contrainte inutile est funeste, parce qu'elle détruit beaucoup plus de bien qu'elle n'empêche de mal; parce qu'en s'opposant au développement naturel de nos facultés, en les habituant à suivre une marche trop régulière, trop compassée, elle éteint, pour ainsi dire, leur vitalité, leur énergie, et ne leur laisse plus qu'un mouvement artificiel et factice.

DOUZIÈME LETTRE.

On a dit que l'univers ressembloit à ces tableaux cannelés qui, du même trait, représentent plusieurs objets absolument disparates, en raison des différens points de vue où l'on se trouve placé pour les voir. Il est certain que les circonstances, les dispositions particulières de notre esprit, de notre caractère, de notre humeur, peuvent altérer prodigieusement la nature des impressions les plus simples. Il est certain que tout absurde que vous paroisse, mon cher Hypolite, le système des idéalistes, le nombre de ceux qui le sont en pratique, qui le sont de la meilleure foi du monde, et sans qu'eux-mêmes s'en soient jamais douté, est beaucoup plus grand qu'on ne pense. Quiconque a plus de sensibilité que de réflexion, plus d'imagination que de jugement, plus d'entêtement que de curiosité, plus d'amour-propre que de connoissance des hommes, est bien près d'être idéaliste; car toujours entraîné par ses impressions particulières ou par ses propres idées, il ne les compare jamais avec celles des autres. C'est toujours du même point et dans le même cercle qu'il voit la nature entière. Quelque vaste ou quelque resserré que soit cet horison, ce sont à ses yeux les bornes du monde. Il y a par cette raison-là beaucoup de sots et beaucoup de gens d'esprit qui ne voient jamais les choses comme elles sont en réalité, comme elles sont du moins dans l'opinion du plus grand nombre des hommes, mais uniquement comme les leur représente le miroir plus ou moins fidèle, plus ou moins bisarrement taillé de leur propre imagination. Tous ces hommes-là sont de vrais idéalistes; car il n'existe point d'autre univers pour eux que celui que crée leur idée.

L'idéaliste, tel que nous venons de le définir, pourroit bien être le plus conséquent des hommes, pourvu qu'il ne sortit jamais de la solitude de ses pensées, ou que ses rapports extérieurs ne fussent jamais en opposition avec ceux des êtres qui l'environnent. Toutes les parties du systême dont sa tête est devenue le centre, comme l'est l'araignée de la toile qu'elle a tissue autour d'elle, peuvent avoir beaucoup d'accord, la régularité la plus parfaite. C'est un tourbillon isolé, dont on eut soin d'écarter tout ce qui pouvoit embarrasser le mouvement central. Ainsi tout y paroît tendre facilement au même but. Voilà pourquoi tant de théories, avant d'avoir été mises en pratique, nous avoient paru si simples, si lumineuses. Voilà pourquoi les esprits systématiques jouissent tous du rare bonheur d'être si surs et si contens d'eux-mêmes. Tant que ces messieurs consentent à rester dans leur sphère idéale, il y auroit de la dureté sans doute à vouloir troubler leur félicité; mais il est à craindre que l'orgueil de leur système, l'inquiétude si naturelle aux imaginations actives, ne les engagent souvent à tenter d'en sortir, et que ce ne soit pas impunément, ni pour eux-mêmes, ni pour les autres.

Plus l'homme est conséquent dans la suite isolée et particulière de ses propres idées, plus ses conceptions et ses mesures pourront paroître inconséquentes, lorsqu'il s'agira de les accorder avec les opinions les plus communes, avec cette réalité même des choses qu'il n'aura jamais eu l'habitude, la patience ou la sagesse de consulter. Il ne fera pas un pas dans le monde, il n'aura pas un seul projet qui ne risque d'être contrarié par les difficultés les plus imprévues, par les obstacles les plus insurmontables. La conduite de l'homme qui n'a point d'idée à lui, sera souvent moins folle, moins imbécille que celle de l'homme qui n'apprit jamais à comparer ses idées avec celles des autres pour trouver le point où elles pourroient se concilier. Ainsi le commis le plus borné, sans avoir d'autre esprit que la routine du monde et des affaires, aura souvent moins de fautes à se reprocher que le premier logicien de l'Europe qui n'auroit pas la même expérience ou la même docilité.

Sous plusieurs rapports sans doute, les hommes paroissent différer infiniment les uns des autres; mais il en est peut-être davantage sous lesquels l'uniformité de leurs idées, de leurs habitudes, de leur conduite, de leurs passions est plus remarquable encore. Contemplez la destinée des individus, des nations entières, des individus et des nations qui sembloient se distinguer par les nuances de caractère et de mœurs les plus opposées. Que le sort les place successivement dans la même situation, vous les verrez suivre à-peu-près le même mouvement, obéir à la même influence, subir les mêmes épreuves, étonner leur postérité des mêmes crimes et des mêmes vertus. Cette uniformité de rapports entre les individus les plus divers en apparence de l'espèce humaine, tient non-seulement à ce principe d'organisation première qui leur est commun à tous; elle tient aussi très-évidemment à l'empire qu'exerce sur la susceptibilité de leur nature le pouvoir de leur éducation, celui de certaines habitudes dominantes, peut-être encore plus, à ce penchant invincible pour l'imitation, penchant qui contribue plus qu'aucun autre à rendre l'homme sociable, à lui donner tous les goûts, tous les liens, tous les inconvéniens, et toutes les perfections de la société. L'homme si foible dans son enfance, l'est à certains égards toute sa vie. Il a toujours besoin de quelque appui qui le soutienne ; il ne marche avec une grande confiance, que lorsqu'il précède ou qu'il suit une troupe ; il est toujours prêt d'aimer ou d'estimer ce que l'on aime ou ce que l'on estime autour de lui. Jamais il n'est bien sûr de sa propre pensée, de sa propre volonté, que lorsqu'il peut l'entourer et la fortifier, pour ainsi dire, de la pensée et de la volonté de tout ce qui l'environne. Il n'y a par cette raison que les idées devenues communes, ou faites pour l'être, qui puissent avoir un grand ascendant sur l'esprit d'un seul homme comme sur celui de la multitude. Je ne nierai point, mon cher Hypolite, qu'il n'y ait quelques exceptions à toutes ces règles; mais je les crois assez rares. Dans un pays qui se vante de produire plus d'originaux que tous les autres ensemble; il en est peut-être beaucoup qui ne le sont ou ne prétendent l'être que par ce même esprit d'imitation, qui, en d'autres contrées, engage les personnes d'un certain ordre à se soumettre si scrupuleusement au joug de l'usage. Ce qui me le persuade, c'est que dans ce même pays j'ai trouvé pour le moins autant de monotonie que dans aucun lieu du monde. Il n'en est point où les maisons, les habillemens, les sociétés, les dîners, les fêtes, les assemblées, les amusemens de tout genre se ressemblent davantage, et se ressemblent aussi tristement. A Londres même la nécessité de se conformer à ce qu'on appelle le *mirror of fashion* (1), n'est pas moins impérieuse qu'elle ne l'étoit autrefois à Paris.... Mais revenons à notre objet.

Les rapports qui distinguent un individu d'un autre, qui différencient d'une manière plus ou moins prononcée les caractères, les esprits, chaque peuple, chaque condition, chaque classe de la même société, méritent sans doute une grande attention. L'étude de ces rapports doit occuper sur-tout l'historien, l'artiste, le poëte, le moraliste, le romancier; mais

---

(1) La mode.

ce qu'il importe encore plus au philosophe, au législateur de saisir avec la plus grande justesse, à travers toutes les nuances qui peuvent en modifier la forme ou l'expression, ce sont ces rapports constans, universels, qui paroissent inséparables de la nature de l'homme, qu'on retrouve dans les principes même de son organisation, dans tous les développemens successifs de ses forces, de leur corruption, de leur perfectibilité.

Il est prouvé, ce me semble, par une expérience assez générale, que sans le charme des passions, l'homme ne sortiroit jamais de son inertie naturelle; que ces passions ne sont excitées que par ses besoins et la difficulté de les satisfaire; que l'activité de ces passions une fois excitée ne peut être dirigée que par une force supérieure, celle d'une crainte ou d'une espérance plus puissante que l'objet de leur première impulsion; qu'enfin la violence de leurs mouvemens ne peut être contenue que par le pouvoir même de la nécessité. Pour se refuser à l'évidence de ces principes, il faudroit avoir cessé de bonne heure de vivre avec les humains; il faudroit s'être enfermé dans un antre solitaire où l'on n'auroit vu que des fantômes, où l'on n'auroit conversé qu'avec des ombres, des gnomes, des sylphides ou des intelligences célestes. Je ne veux point nier qu'un philosophe, dans cette solitude ou dans cette société, ne puisse être fort sage et même fort heureux; mais je m'obstine à croire que s'il s'avisoit jamais de rentrer dans le monde, il y seroit précisément comme un homme qui, sortant d'un lieu très-obscur, se sentiroit frappé tout-à-coup d'une immense lumière; ses yeux ne seroient qu'éblouis et ne distingueroient rien. La folie paroît quelquefois fort au-dessus de la sagesse, tant qu'elle trouve le secret d'échapper à la puissance des choses; mais cette puissance finit par l'atteindre tôt ou tard : alors s'évanouit toute la magie de son empire et de ses félicités. Notre imagination peut enfanter les plus sublimes merveilles; elle peut tout parer, tout embellir; mais pour élever des édifices durables, pour préparer un bonheur qui ne devienne pas une source amère de remords ou de regrets, c'est toujours aux règles simples de la nature et de la vérité qu'il faut qu'elle soumette la hardiesse ingénieuse de ses plans, de ses travaux, de ses espérances.

Une idée fausse ou vraie, un préjugé quelquefois puérile, mais devenu, grâce aux impressions utiles, imposantes auxquelles on sut l'associer, une opinion commune, le principe de quelque coutume généralement respectée, forment une espèce de force morale non moins irrésistible que la plus grande force physique. La philosophie qui prétend prévenir les écarts funestes de l'imagination, se gardera bien de franchir imprudemment de semblables barrières. Elle y verra comme un supplément à celles qu'avoit posées la nature elle-même; et si le progrès rapide des mœurs et des lumières pouvoit lui faire desirer de les changer, ce ne seroit du moins qu'avec une précaution extrême; ce ne seroit qu'après s'être assurée de pouvoir les remplacer par d'autres, après s'être bien assurée encore que celles-ci plus nouvelles, plus analogues à l'ordre actuel des choses, n'auroient ni moins de force, ni moins de stabilité que les anciennes.

En morale, en politique comme en chymie, il arrive trop souvent que pour vouloir tenter de créer, on ne fait que dissoudre. La matière précieuse s'évapore quelquefois avec une explosion terrible, et ce qui reste n'est qu'un triste *caput mortuum*, un emblême hideux de destruction et de néant.

TREIZIÈME LETTRE.

Vous avez lu, mon cher Hypolite, ce que les Dumarsais, les Herder, les Gébelin, les Desbrosses ont écrit sur l'origine de la parole, ce miracle de l'esprit humain, que les plus savantes, les plus profondes recherches n'expliquent que comme tant d'autres miracles, par des hypothèses plus ou moins vraisemblables, plus ou moins ingénieuses. Mais un point sur lequel ces philosophes me semblent tous d'accord, c'est qu'il n'est point de langue dont les racines ne tiennent à l'harmonie imitative de quelques sons primitifs, ou bien à quelque étymologie hiéroglyphique. Plus les langues paroissent remonter jusqu'aux premiers âges du monde, plus elles sont remplies de tropes, de métaphores de tout genre, plus elles sont musicales et pittoresques. Il paroît que les premiers essais de la parole humaine n'ont été que des sons inarticulés, des cris de douleur ou de joie, d'épouvante ou de menace, de surprise ou de ravissement. A ces accens inspirés par la nature même succédèrent probablement les tentatives faites pour imiter avec la voix certains bruits faciles à distinguer, enfin des efforts plus hardis, plus heureux encore pour peindre les objets par l'analogie que l'on croyoit appercevoir entre le caractère particulier de leurs formes, le genre d'impression que leur présence ou le souvenir de ses effets pouvoit produire sur nos sens, et la qualité déterminée de certains sons. D'autres mots, sans doute, n'ont jamais été que le résultat d'une convention pure et simple, des espèces d'hiéroglyphes bien ou mal choisis, mais que l'intérêt ou le besoin du moment, souvent le hasard d'une circonstance assez indifférente en elle-même, a pu faire adopter d'abord, et dont une première habitude a conservé l'usage. Sans l'invention de ces mots, quelque incertaine et quelque bisarre qu'en soit peut-être l'origine, comment serions-nous jamais parvenus à retenir une si grande variété d'idées ou d'images, à les classer, à les comparer entre elles, à former cette multitude de combinaisons dont notre intelligence peut saisir tour-à-tour et les détails et l'ensemble? Ces mots génériques, par lesquels on est convenu de désigner une longue série d'objets ou d'impressions homogènes, sont comme autant de colonnes milliaires qui servent de guide à la pensée dans l'immense diversité des routes où risquent de l'égarer et sa marche rapide et son inquiète curiosité.

De quelque manière qu'on veuille expliquer la formation des langues, il n'est aucune hypothèse où l'on ne soit forcé d'accorder à l'imagination la part la plus active et la plus étendue. Comment nier que le langage le plus simple et le plus grossier ne tienne toujours de la peinture, de la poésie ou de la musique? Ces différentes modulations du ramage naturel de l'homme vivement affecté, dont se composent les premiers élémens de toute langue, ces rapports admirables de certains sons, de certains accens avec certains objets ou certaines impressions, cette analogie d'idées et d'images, source féconde de tant d'expressions vives et figurées, enfin ces combinaisons de mots plus ou moins faciles, plus ou moins mélodieuses, n'est-ce pas l'imagination seule qui sut les trouver, les recueillir? Si l'imagination est, de toutes nos facultés, celle qui contribua le plus à l'invention comme au perfectionnement du langage, il n'en est aucune aussi qui soit plus soumise aux illusions de cet art enchanteur qu'elle-même créa. Nous la voyons se prosterner sans cesse devant son propre ouvrage, adorer ses oracles, leur obéir, redouter sa puissance et ne pouvoir s'en défendre.

L'empire prodigieux de la parole sur nos idées et sur nos sentimens offre peut-être le sujet de méditation le plus riche et le plus vaste. Il embrasse non-seulement l'analyse de tous les genres d'éloquence et de poésie, de leurs ressources et de leurs effets, mais encore la discussion de tous nos systêmes, de toutes nos théories de raisonnement; car toutes tiennent à l'influence avouée ou méconnue des révolutions de cet empire. Un si beau sujet, considéré dans toute son étendue, effraye beaucoup trop, mon cher Hypolite, la paresse et l'incapacité de votre ami, pour qu'il songe à s'en occuper un seul instant. C'est à développer quelques apperçus isolés, que se borneront, ainsi que de coutume, tous les efforts de son application.

Il n'est aucun art inventé par l'imagination, ou pour l'imagination, dont l'effet naturel ne soit d'exciter, d'allumer tous les mouvemens passionnés de notre âme ; mais il n'en est aucun, je pense aussi, que l'on ne puisse employer avec succès à les diriger, à les calmer, à les contenir. Et l'art du langage me paroît jouir par excellence de ce double privilége. Qui n'a pas éprouvé de combien de manières le charme de la parole sait disposer à son gré de nos sentimens et de nos pensées, réveiller une idée, endormir l'autre, éloigner celle-ci, rapprocher celle-là, tantôt les diviser et tantôt les confondre ; ranimer telle action presque éteinte; étouffer, éteindre telle autre, sur le même objet rappeler notre attention et nous en détourner tour-à-tour ; nous occuper entièrement d'un objet fort éloigné de nous, et par la même magie, nous distraire de celui qui nous touche de la manière la plus intime.

Et ne croyez point, mon cher Hypolite, que je prétende encore parler des savantes ressources de la poétique ou de l'art oratoire. L'éloquence et la poésie, dont il s'agit ici, se trouve tout naturellement dans les cris du sauvage, dans le balbutiement de l'enfant qui cherche à nous attendrir, dans le babil de la jeune folle qui veut nous tromper ou nous séduire, dans nos conversations les plus négligées, enfin dans nos monologues les moins étudiés, les plus secrets; oui, dans nos monologues. Je ne sais pourquoi l'on a reproché si souvent aux romanciers, aux poëtes dramatiques, de faire trop de monologues. Ils peuvent en avoir fait beaucoup de mauvais; mais en lui-même le soliloque n'a rien que de naturel et de très-vraisemblable. Il est extrêmement simple, extrêmement commun de se parler à soi-même; et ce que l'on se dit ainsi plus ou moins bas, n'influe pas peu sur nos sentimens et sur nos actions. Ce ne sont pas toujours les discours des autres dont l'artificieuse éloquence en impose le mieux.

j'ai plus d'une raison de croire, que cet avantage appartient souvent à ceux que nous nous adressons nous-mêmes.

Quoiqu'il y ait des sentimens et des idées qui, pour mûrir, paroissent avoir besoin de tout le silence de la solitude, de tout le secret de la réflexion, ce que nous avons pensé, ce que nous avons senti, lorsque nous avons essayé de l'exprimer, soit pour nous-mêmes, soit pour les autres, nous le concevons ordinairement mieux, avec plus de force, avec plus de justesse, avec plus de clarté; nous le croyons davantage; nous le sentons plus vivement; nous en conservons un plus long souvenir. La parole donne à nos sentimens, comme à nos idées, une sorte de consistance et de réalité qu'ils n'auroient point sans elle; la parole semble les revêtir d'une forme plus sensible, plus propre à saisir l'attention de tous nos sens, et par-là même celle de notre sens intérieur. C'est l'entier développement d'un germe qui fut long-tems imperceptible, qui, sans ce souffle créateur, l'eût peut-être été encore long-tems. Oui, dans ses résultats, dans ses effets, dans ses rapports avec les autres comme avec nous-mêmes, c'est une véritable création. Le sentiment échappé de nos lèvres, fût-ce dans un désert, dans la nuit la plus obscure, a déjà plus d'existence, plus de réalité que s'il n'étoit jamais sorti du fond de notre cœur. Il est tel mouvement de colère et d'impatience dont nous serions restés les maîtres, si nous avions eu le bonheur d'en prévenir le premier éclat, quelque foible ou quelque modérée que fût encore cette première expression. Il est tel goût, telle fantaisie qu'il nous eût été facile de vaincre, si nous ne nous fussions pas livrés, avec tant d'indulgence, à l'attrait d'en parler, soit aux autres, soit à nous-mêmes. Si l'on ne s'étoit pas dit trop souvent: « combien j'aimerois cette femme! » peut-être ne l'eût-on jamais aimée. Il y a, je le sais, des affections qui semblent devenir d'autant plus fortes qu'on prend à tâche de les renfermer dans le plus profond secret. Mais ce que l'on se défend d'avouer à qui que ce puisse être au monde, n'est-ce pas ce qu'on a le plus violent besoin de se répéter sans cesse à soi-même ? Et ce genre d'indiscrétion, ce bavardage solitaire, s'il m'est permis de m'exprimer ainsi, n'est peut-être pas, comme nous l'avons déjà remarqué, celui dont l'influence soit la moins active et la moins dangereuse. La parole semble être souvent au sentiment secret ce que l'air est à l'étincelle ; il l'anime, il l'enflamme, et produit quelquefois une incendie, dont il est difficile d'arrêter les progrès, tandis qu'étouffée un instant plutôt, on l'eût vu s'éteindre sans la moindre explosion.

S'il est des sentimens que le pouvoir naturel de la parole irrite, exalte, il en est sans doute aussi que ce même pouvoir modère, éteint. On voit assez communément, dans le monde, des hommes qui n'ont pas plutôt exhalé leur mauvaise humeur, et souvent en paroles fort dures et fort violentes, qu'ils reprennent aussitôt leur bonhomie naturelle. La plainte soulage la douleur ; c'est la vapeur qui, sortant de l'eau bouillante, la calme et la refroidit insensiblement. Combien de fois, en causant nous-mêmes, ou bien en laissant causer les autres avec nos préventions les plus passionnées, avec nos passions les plus déraisonnables, n'est-on pas parvenu tantôt à les éclairer, tantôt à les endormir, tantôt à les distraire, à leur tracer des routes nouvelles ou moins funestes, ou quelquefois aussi vraiment utiles ? Peu de paroles ont eu souvent une douceur si touchante, une force si persuasive, qu'on les compareroit volontiers à ces gouttes d'huile qui, jetées à propos sur les vagues irritées de la mer, peuvent conjurer, dit-on, la plus affreuse tempête.

Je croirai difficilement, mon cher Hypolite, que toutes les langues puissent avoir le même empire sur notre imagination. Je croirai difficilement, par exemple, que les langues du Nord, et particulièrement celle dont je me suis occupé depuis quelque tems, soient aussi propres à remuer toutes les passions que nos langues du Midi, sur-tout l'italien, le grec et le françois. Peut-être est-ce par cette raison que l'éloquence dont on peut abuser avec tant de facilité dans tout état tenant à des formes démocratiques, et qui par la nature même des choses y doit jouer cependant un si grand rôle, a moins d'inconvéniens, moins de danger en Angleterre qu'elle n'en auroit ailleurs. Des Fox, des Shéridan ont mille moyens, sans doute, d'en imposer à l'esprit, de séduire la raison, de prêter au sophisme les couleurs les plus spécieuses; mais en ont-ils autant pour enchanter l'oreille, pour toucher toutes les cordes sensibles des différentes passions qui peuvent agiter le vulgaire? je ne le pense pas, et je vois aussi qu'ils le tentent beaucoup plus rarement. Il est peut-être tel pays de l'Europe où l'empire de la parole prendroit un si terrible ascendant, que si rien n'en arrêtoit la puissance, on y verroit bientôt cet empire se détruire lui-même, par l'extravagance de ses succès, par l'abus même de ses victoires... (1)

(1) Plus un gouvernement est démocratique, moins il peut marcher sans chef de parti. Or, par

Le charme de la parole enivre l'imagination, et l'enivre de plus d'une manière. Il lui fait voir des fantômes comme des réalités, des réalités comme de vaines illu-

---

la raison même que le peuple françois a tout-à-la-fois plus d'intelligence, plus d'activité, plus d'amour-propre, plus de vanités de toute espèce qu'aucun autre peuple de l'Europe, il doit être plus difficile en France que par-tout ailleurs de se soutenir long-tems à la tête d'un parti quelconque. Il faut à tout gouvernement républicain beaucoup d'illusion et beaucoup de confiance. Dans un pays où il y a prodigieusement d'esprit, il n'y a jamais assez d'illusion et de confiance, ou pour m'expliquer avec plus de franchise, dans un pays où il y a trop de fripons, il n'y a jamais assez de dupes; et rien n'est plus ruineux en politique comme en morale, que les changemens d'illusion trop fréquens et trop rapides. En réfléchissant, me disoit milady W...., en réfléchissant à tout le mal que s'est fait la France elle-même, contre toute vraisemblance et contre toute raison, ne croiroit-on pas qu'elle a voulu justifier la folie de ce proverbe anglois : « If it pleases god, a man may bite his own nose off. » Littéralement : *Dieu n'a qu'à le vouloir, on se mordra le nez de manière à emporter la pièce.*

sions ; il entoure la vérité de mensonges, et le mensonge de toutes les apparences de la vérité. Il n'y a de vrai souvent que ce qu'on n'a jamais osé dire ; mais ce qu'on dit nous semble toujours plus vrai que ce qu'on ne dit point. Les saintes écritures nous apprennent que c'est la parole de l'éternel qui fit sortir le monde du néant. Il est des époques désastreuses où l'on seroit tenté de croire qu'il suffit de la parole de l'homme pour le détruire....

Je me presse de revenir à des résultats plus simples, à des souvenirs moins pénibles. Nous avons vu quelquefois ensemble des improvisateurs italiens. Ne vous rappelez-vous pas, mon cher Hypolite, combien l'élan facile de leur imagination s'animoit par le mélodieux ramage de leur langue et de leur poésie? Un improvisateur d'un autre ordre, et plus étonnant peut-être, c'étoit le philosophe Diderot, lorsqu'entraîné par la chaleur de la conversation, sa tête exaltée s'élevoit aux idées les plus hardies, aux images les plus sublimes, et qu'en croyant écouter encore les autres, il n'écoutoit plus que lui-même. Souvent il essaya d'écrire sur les mêmes sujets qui l'avoient passionné si vivement dans le cercle intime de ses amis. Il étoit toujours Diderot, sans doute; mais ce n'étoit plus cette même chaleur, cette même énergie, cette même rapidité de pensées et d'expressions, ce même abandon, ce même enthousiasme. Il n'étoit plus enfin sur son trépied. Sa tête brûlante et sonore ne s'enflammoit plus au feu de ses propres discours. J'ai rencontré dans le monde des hommes d'un caractère fort éloigné de celui de notre philosophe, des hommes d'un caractère essentiellement froid, qui ne résistoient cependant qu'avec beaucoup de peine, à l'entraînement naturel d'une conversation un peu vive. Pourvu qu'on parvint à les faire parler, on étoit presque toujours sûr de leur faire dire plus qu'ils n'auroient voulu dire, si la vivacité, l'impérieuse vivacité de la parole leur eût laissé toute la présence, toute la liberté de leur esprit et de leur réflexion.

Chez tous les peuples, dans toutes les langues, dans le langage, pour ainsi dire, de chaque individu, vous retrouverez de simples expressions, de simples mots qui, soit comme notes sensibles, soit comme termes de ralliement à des idées favorites, à des impressions prédominantes, produisent sur l'imagination les effets les plus surprenans. Ce sont ces effets merveilleux, mais très-naturels cependant et très-bien constatés, qui donnèrent sans doute aux anciens docteurs de la cabale, aux charlatans de toutes les espèces et de toutes les superstitions; l'idée des vertus miraculeuses qu'ils affectent d'attribuer à la manière solennelle et bisarre dont ils écrivent ou dont ils prononcent certaines paroles prétendues magiques.

Je ne crois pas être plus foible ou plus crédule qu'un autre. M'étant trouvé presque toute ma vie dans des situations qui m'imposoient beaucoup de réserve et beaucoup de contrainte, mon âme exercée de bonne heure à s'observer, à s'étudier sans cesse, acquit, je pense, assez d'empire sur elle-même. Cependant il est dans ce moment encore au fond de mon cœur un sentiment qui l'a rempli d'impressions si délicieuses, de regrets si vifs et si poignans, qu'il est telle phrase, tel mot que je crains de prononcer ou d'entendre, que mon imagination fuit comme on fuiroit l'approche d'un fantôme; et je sens, mon cher Hypolite, qu'il faut les fuir pour ne pas voir le délire des souvenirs les plus célestes et les plus douloureux absorber toutes mes pensées, échapper à tous les efforts de ma raison.....

Je ne suis point étonné que dans tous les âges, dans tous les pays, on ait attaché des idées de honte, de mauvais augure, de crime même, à la seule prononciation de certains discours, de certaines paroles. Je comprends parfaitement la vérité de l'opinion de je ne sais plus quel philosophe moderne qui disoit que, pour gouverner un peuple, il laisseroit volontiers à d'autres le soin de lui donner des lois, pourvu qu'il eût le privilége exclusif d'en faire les chansons. Ce mot me rappelle qu'il est un art qui l'emporteroit encore sur l'art de la parole, si la puissance de ses effets ne se trouvoit pas circonscrite dans des limites trop bornées ; c'est celui de la musique.

L'avantage qui distingue la musique de tous les autres arts de l'imagination, c'est qu'elle agit sur nos sens de la manière la plus intime, la plus immédiate. C'est de sensations pures que se composent les moyens qu'elle emploie, et c'est directement aux sensations qu'elle s'adresse pour troubler ou calmer notre âme. Aussi son charme est-il irrésistible, toutes les fois qu'elle ne sort point de sa sphère naturelle, toutes les fois qu'elle sait se borner aux seules impressions qui sont de son ressort, mais dont elle dispose avec une puissance absolue. Imaginez-vous, mon cher Hypolite, quelque agitation de l'âme assez forte, assez pénible pour ne pas être plus ou moins adoucie, en écoutant le calme céleste du chœur des Songes d'Atys. *The harmony*, dit Milton, *suspended hell.* (1) Quel

(1) L'harmonie suspendoit les tourmens de l'enfer.
Paradis perdu, liv. II.

choix de mots et d'idées pourroit jamais exprimer l'espoir, le sentiment d'un bonheur suprême, comme ce trait de chant de la *Pazza d'amore*, (1) dans la bouche de la signora Morichelli : *Ah! chi potrà comprendere la mia felicita!* (2) Avez-vous éprouvé, dans votre vie, beaucoup de jouissances qui vous laissent un souvenir plus doux, plus enchanteur que ce charmant duo de notre *Villanella rapita* : (3) *Occhietto furbetto, che cosa m'hai detto, baciando mi qui?* (4) Votre mémoire vous fournira mille autres exemples qui prouveront encore mieux peut-être que, quant aux effets de ce genre, il n'est aucun art qui puisse les produire ou les atteindre au même degré que l'art du chant. Je vous engage à relire ce qu'en dit Platon dans le troisième livre de sa République.

---

(1) *La Folle par amour.*

(2) Ah! qui pourroit jamais concevoir mon bonheur!

(3) *La Paysanne enlevée.*

(4) Que me veut donc dire ta friponne de mine par ce baiser-là?

QUATORZIÈME LETTRE.

Un prince (1), aussi distingué par la douceur de son caractère et l'amabilité de son esprit que par sa passion pour les arts, me disoit dernièrement : Sans pouvoir m'accuser, je crois, d'être moins sensible qu'un autre, je me suis souvent fait un scrupule de me trouver plus vivement ému par une belle scène de tragédie, par un beau morceau de musique, que je ne l'aurois été par le malheur même dont cette composition m'offroit l'image ou le sentiment. Nous n'avions peut-être pas eu le même scrupule; mais je présume, mon cher Hypolite, que l'un et l'autre nous avons eu souvent le même tort. Ainsi je vais essayer de vous dire ce que m'inspira dans le moment l'aveu du prince qui d'abord m'avoit singulièrement frappé. Je commence par

(1) S. A. S. le prince A. de S. G.

observer que, malgré l'empire qu'exerce sur tout homme doué de quelque imagination le charme de la poésie, de la musique, du théâtre, de la peinture, il est cependant deux circonstances où le malheur réel nous affecte sans doute plus fortement encore que la représentation la plus touchante de ce même malheur; c'est lorsqu'il nous est personnel ou nous paroît l'être; lorsqu'à la vérité de fait, il joint de plus ce qu'on peut appeler la vérité poétique, cet accord de situation, de caractère, de sentiment que la nature nous montre, quelquefois avec tout l'intérêt qui distingue les plus heureuses créations du génie et de l'art. Quelques humains, quelques sensibles que nous soyons, il est bien rare que ce ne soit plus ou moins par un retour secret sur nous-mêmes, ou, si vous voulez, par un mouvement sympathique, dont nous ne saurions le plus souvent, et dont il seroit encore assez inutile que nous sussions nous rendre compte à nous-mêmes. Mais dans le nombre des malheurs que nous voyons autour de nous, isolés comme nous le sommes à certains égards par l'ordre actuel des sociétés, il n'en est que fort peu qui nous soient véritablement personnels, ou qui nous le paroissent. L'habitude d'ailleurs et la réflexion de cet amour de nous-mêmes, dont la puissance ne le cède qu'à celle des passions ou de la vertu, cherchent toujours à nous présenter le malheur dans une perspective assez éloignée pour en affoiblir l'impression ou pour en diminuer la crainte. Il est dans la nature de l'homme de fuir la peine, comme il est dans sa nature d'être bon et compatissant. Nous permettons rarement à l'aspect du malheur de nous affliger long-tems, lorsqu'il est en notre pouvoir de l'éviter. Si l'homme personnel ne s'en occupe que pour le repousser, l'homme le plus sensible ne s'en occupe guères aussi, que pour le soulager ou pour le secourir (1). La plus grande

(1) Au récit, à la simple représentation d'un événement malheureux, ma sensibilité est concentrée dans mon intérieur. Il m'est interdit de

magie du théâtre et de tous les autres arts est employée à nous attirer insensiblement à la contemplation du malheur, à nous identifier, en quelque sorte malgré nous, avec les douleurs ou les infortunes qui nous sont étrangères, en nous les offrant de la manière la plus propre à nous saisir, à nous frapper, à nous intéresser vivement. Avant d'arrêter ma pensée sur la situation déchirante d'une reine abandonnée par l'amant à qui sa tendresse a tout sacrifié, Virgile sut m'attacher à son sort par la peinture de ses vertus, de sa gloire, de ses prospérités, de tous les transports de son amour. En me faisant pleurer avec elle, il m'enchante

---

me mêler dans l'action pour en prévenir les suites, pour arrêter le coupable ou pour adoucir le sort de la victime. Présent à la réalité, le besoin d'y prendre une part active occupe, absorbe une partie de mon sentiment. Ainsi je crois que celui qui se jette dans l'eau pour sauver un infortuné qui se noie, n'est pas plus touché, ne l'est peut-être pas autant que celui qui ne sait pas nager, et qui souffre et se désespère sur le rivage.

encore par la beauté de ses vers, par la mélodie de son ramage. Je me livre au pouvoir du sentiment qui me force à mêler mes larmes aux siennes, parce que je ne puis renoncer au charme que m'ont fait éprouver des accens si doux et si touchans. Je crois ne voir qu'une imitation, je n'en redoute point l'effet; l'image cependant, plus attrayante que la réalité même, est peut-être aussi plus vive et plus profonde. Car, aux yeux de notre imagination du moins, la réalité n'a pas toujours ni l'ensemble ni l'intérêt du tableau. Alors on peut dire avec beaucoup de justesse, que le fait est non-seulement moins intéressant, mais encore moins vrai que la fiction. Comment nous toucheroit-il autant?

Vous vous rappelez, mon cher Hypolite, la belle scène d'Ariane, où son désespoir interroge toute la nature pour découvrir qui lui ravit le cœur de Thésée. Vous vous rappelez l'Anglois qui, durant toute cette scène, appuyé sur la rampe du théâtre, les yeux fixés sur l'actrice sublime qui jouoit ce rôle avec tant de douleur et de noblesse, ne cessoit de lui dire tout bas en sanglottant, c'est Phèdre, c'est Phèdre. Le jeune Anglois, à coup sûr, étoit un homme d'une sensibilité rare. Eh bien! ne pensez-vous pas que ce même homme auroit pu voir, sans en être fort ému, l'air dolent et niais dont notre belle cousine a gémi tant de fois sur les perfidies trop réelles de son volage époux? Et seroit-ce la faute de notre belle cousine ou la sienne? Les hommes durs, insensibles ont toujours tort; mais souvent aussi c'est le tort, ou peut-être la dernière infortune des malheureux, si la manière dont ils supportent ou dont ils se plaignent de leur sort, n'intéresse pas davantage le cœur même le plus sensible et le plus compatissant. La plainte des infortunés a quelquefois trop de foiblesse, et quelquefois trop de violence; tantôt elle manque de confiance et tantôt de mesure; elle paroît tour-à-tour trop réservée ou trop importune, trop humble ou trop fière; il est assez rare enfin qu'elle se montre avec tout l'intérêt, toute la dignité dont elle est susceptible. L'indulgence de l'homme juste et bon n'en sera pas moins secourable sans doute ; mais sa sensibilité n'en sauroit être aussi vivement émue.

Il ne faut nous voir, je pense, ni plus méchans ni meilleurs que nous ne le sommes. Le malheur et la prospérité, un long repos et des agitations extrêmement vives, émoussent également nos affections naturelles. Nous ne sommes pas toujours disposés à nous identifier avec toutes les peines qui peuvent affliger nos semblables. Il en est qui sont trop près ou trop loin de nous ; il en est qui n'ont aucun rapport avec les sensations que nous avons éprouvées ; nous ne saurions les concevoir. Il en est d'autres aussi que la nécessité nous apprit dès long-tems à supporter avec courage ; nous ne saurions en être fort attendris.

Le grand objet des arts est donc de réveiller cet instinct précieux que nos passions et nos habitudes ont si souvent le malheur d'éteindre ou d'endormir. On y réussit le plus sûrement, je crois, lorsqu'on parvient à saisir, à rassembler ces grands traits propres à frapper la sensibilité la plus commune, la sensibilité des hommes de toutes les classes et de tous les tems, en n'y mêlant qu'avec beaucoup de ménagement et d'adresse les sentimens plus particuliers à certains peuples, à certaines classes, à certains individus. Peut-être même le grand artiste s'occupe-t-il moins de ces sentimens, bornés à certaines contrées, à certains individus, pour chercher à les intéresser directement, que pour éviter de les blesser, et d'affoiblir ainsi des impressions plus sûres et plus générales. Peut-être est-ce aussi par cette raison que l'homme de goût trouvera dans la grandeur idéale des tragédies de Sophocle, de Racine et de Voltaire, non-seulement plus d'effet et plus de poésie que dans l'imitation grossière des scènes domestiques de nos drames modernes, mais encore plus de nature, plus de passion, plus de vérité. Dans le dernier de ces systêmes dramatiques, il est bien plus facile, bien plus dangereux de manquer d'accord, d'ensemble; et la plus légère déviation du vrai, doit y paroître infiniment plus sensible et plus choquante.

QUINZIÈME LETTRE.

La sensibilité, mon cher Hypolite, se distingue facilement de l'esprit; mais il est bien moins aisé de la distinguer de l'imagination, dont elle paroît, pour ainsi dire, inséparable. Le mot de Montaigne : *Nous nous aimions, parce que c'étoit moi, parce que c'étoit lui.* Le mot de La Fontaine : *J'y allois.* Celui du pauvre à qui l'on vouloit acheter son chien : *Eh! qui m'aimera?* Tous ces mots sont assurément des traits de la sensibilité la plus vive et la plus pure; mais en est-il aucun dont le sentiment ne tienne tout son charme de la puissance de l'imagination. Ce *moi*, ce *lui*, qu'étoit-ce, sinon le modèle idéal de l'amitié la plus parfaite, l'assemblage de toutes les vertus, peut-être même encore de toutes les foiblesses qu'il convenoit à ces deux amis de trouver l'un dans l'autre ? Ce sublime, *j'y allois*, nous intéresseroit-il si vivement, si l'on n'y voyoit l'expression la plus simple de toutes les douceurs, de toutes les consolations que peuvent donner la sécurité, l'abandon d'une entière confiance ? Ce qui rend le mot du pauvre si remarquable et si touchant, n'est-ce pas de nous peindre, avec la plus profonde vérité, l'extrême besoin qu'avoit son âme d'un attachement quelconque, et lorsqu'elle avoit tout perdu, celui de se tromper encore elle-même, en cherchant dans les douces attentions d'un animal fidèle et sensible de quoi se consoler de l'inconstance de la fortune, de la perte de sa femme ou de son ami ?

Je ne prétends point nier ici que la sensibilité morale ne soit comme un sixième sens, une faculté qui reçoit et qui produit des impressions subites, immédiates ; mais il n'en sera pas moins vrai, que ces impressions n'auroient ni plus de suite, ni plus d'effet, que celles de nos autres sens, si l'imagination n'en prolongeoit pas la durée, ne leur donnoit pas le développement et toute la consistance dont elles sont susceptibles, en les liant entre elles, en les mêlant à ses propres prestiges, en leur prêtant toute la hardiesse de ses dessins, toute la chaleur et toute la vivacité de son coloris. Je puis concevoir, j'ai même rencontré quelquefois des hommes, sans esprit, doués d'une assez grande sensibilité; mais je n'en ai jamais vus qui fussent entièrement dépourvus d'imagination, et presque toujours en raison même du degré de sensibilité qu'ils avoient reçu de la nature.

Ces mouvemens subits d'amour ou de haine, d'horreur ou de compassion, ces rapports sympathiques qu'un observateur de bonne foi ne sauroit contester, ne sont et ne peuvent être considérés, que comme des éclairs électriques; le feu qu'ils allument ne seroit pas long-tems à s'éteindre, si l'imagination ne se plaisoit pas à le conserver, à l'entretenir. C'est elle qui saisit le retentissement de nos premières émotions, les notes, si je puis m'exprimer ainsi, dans ses registres, pour les reproduire avec des variations plus ou moins étendues, plus ou moins heureuses.

Isolé, le sentiment le plus moral ne seroit jamais qu'une sensation fugitive, s'il n'étoit pas développé par une suite de rapports ou de comparaisons que l'imagination seule rassemble, qu'elle seule anime et vivifie. L'imagination est comme une mémoire particulière à la sensibilité. C'est la sensibilité qui commence l'imagination. C'est l'imagination qui fait vivre la sensibilité, qui lui donne ce charme immortel qu'elle en reçoit à son tour. Ce sont, en un mot, de toutes les facultés de notre être, celles dont la liaison est la plus intime; mais comme elles se doivent mutuellement le plus d'avantages, le plus de secours, elles se doivent aussi mutuellement le plus de peines et de tourmens.

La sensibilité considérée en elle-même est un élément si pur, que la pensée ne sauroit le fixer, ne sauroit le saisir. C'est un feu qui s'évapore ou qui consume tout ce qui l'approche. Tant que la sensibilité de notre âme se trouve environnée de tous les plaisirs, de tous les enchantemens de l'imagination, c'est la source première de notre bonheur, de nos plus douces jouissances; mais lorsqu'elle leur survit, lorsqu'elle demeure abandonnée et solitaire, l'univers entier n'est plus pour elle que le plus affreux des déserts. Heureusement notre sensibilité s'émousse avec l'âge; elle s'engourdit et s'endort à mesure que l'imagination s'affoiblit et s'éteint. Le plus sûr moyen de prolonger leur jeunesse ou leur activité, c'est de les disposer de bonne heure à se former un empire tout-à-fait indépendant de nos sens, un empire métaphysique et céleste où nos plus doux souvenirs deviennent de plus douces espérances, où l'illusion des songes les plus sublimes ou les plus rians l'emporte même sur ce que les félicités de notre existence terrestre ont de plus vif et de plus réel.

Comme l'emploi de l'imagination est d'étendre et de développer les impressions de la sensibilité, celui de la sensibilité est de servir de guide et de régulateur aux plus grands élans de l'imagination. Quelque ingénieuses que soient nos conceptions, quelque riches ou quelque hardies que soient nos fictions, elles ne nous plaisent, et ne nous attachent qu'autant qu'elles touchent ou qu'elles flattent notre sensibilité. Tout ce qui la blesse, soyez-en sûr, manque aussi bien de vérité poétique que de vérité morale. Quoique l'illusion ait souvent plus d'effet, plus de pouvoir que la réalité même, ce n'est que lorsqu'elle a cet accord, cet ensemble déterminé dont le charme contente notre goût naturel pour le vrai. Il est donc très-certain qu'il n'appartient qu'à la vérité de nous tromper tout de bon, et c'est dans ce sens que le poëte a dit avec tant de justesse :

Rien n'est beau que le vrai ; le vrai seul est aimable ;
Il doit régner par-tout, et même dans la fable.

Nous ne pouvons être touchés que des situations, des événemens, des opinions, des sentimens qui nous paroissent vrais ou vraisemblables. Pour jouir de quelque sensation que ce puisse être, nous avons toujours besoin d'un certain degré de confiance et de certitude. Mais le seul moyen toujours infaillible de se faire croire, dont l'imagination des grands poëtes, celle des grandes passions, et celle des femmes adroites ne manquent jamais de faire usage, c'est d'engager vivement notre sensibilité dans les intérêts de leur plan ou de leur vœu. L'histoire la plus singulière, l'explication la plus étrange, l'invention la plus merveilleuse commence à devenir croyable, dès qu'elle frappe juste quelqu'une des premières cordes de l'organe trop peu connu de notre sensibilité morale. Cet organe, comme celui du toucher, de tous nos sens le plus difficile à définir, est cependant celui qui nous donne les perceptions les plus certaines. On pourroit trouver entre ce sens et celui de la vue les mêmes rapports que nous croyons appercevoir entre l'imagination et la sensibilité. L'empire qu'embrasse notre vue et celui qu'embrasse notre imaginat n, sont l'un et l'autre d'une variété, d'une étendue immense ; (1) et dans ces deux empires sans bornes, ce ne sont que les objets qui peuvent affecter encore un sens plus borné, mais plus sûr, plus intime, qui nous touchent et nous attachent véritablement.

SEIZIÈME LETTRE.

Nous avons tâché, mon cher Hypolite, de voir quelle étoit la marche ordinaire

---

(1) De tous nos sens, ce sont ceux de la vue et de l'ouïe qui paroissent jouir seuls de la faculté de saisir rapidement une grande étendue, une grande variété de rapports, leur suite, leur gradation et leur concert. C'est par cette raison, sans doute, qu'on n'appelle point beaux les objets en qui l'on ne considère que des qualités relatives au goût et à l'odorat. Lorsqu'on dit voilà un beau turbot, voilà une belle rose, on considère, ainsi que l'observe Diderot, d'autres qualités dans la rose et dans le turbot que celles qui sont relatives au sens du goût et de l'odorat. Voyez ses *Recherches philosophiques sur l'origine et la nature du beau.*

de l'imagination. Essayons encore de voir quels sont ses plaisirs, ses goûts les plus habituels. En suivant l'origine et le développement de ses fantaisies les plus communes, de ses passions les plus singulières, nous ne tarderons pas à reconnoître qu'il n'est point d'imagination qui ne soit naturellement romancière ou poëte. Trouver, faire, inventer, c'est le premier de ses besoins, c'est le charme le plus vif de toutes ses jouissances, de tous ses desirs. Ce qu'elle est dispensée de chercher n'excite point son attention. Tout ce qu'elle n'a pas eu le plaisir de créer, tout ce qu'elle n'a pas encore le pouvoir d'embellir, cesse bientôt de l'intéresser. Le but qu'elle apperçoit de trop près, elle est déjà lasse de l'atteindre. Toute espèce de limites l'inquiète et l'attriste. Elle s'en éloigne ; elle saisit avec empressement le moyen de les cacher à ses propres yeux, pour aggrandir sans cesse l'espace qui lui reste à parcourir; et cet espace n'est jamais assez vaste pour l'ambition, pour l'avidité de ses vœux. Un site borné ne lui plaît, que lorsqu'elle est fatiguée d'avoir embrassé trop rapidement le coup-d'œil que ses premiers regards croyoient immense. Quand le monde actuel a cessé d'être pour elle un monde imaginaire, ce n'est plus que dans l'empire illimité des possibles, qu'elle trouve assez de ressources pour occuper toute l'activité de ses conceptions, de ses projets, de ses espérances.

On a dit que l'amour n'étoit que de la curiosité; c'est de toutes les passions qu'on auroit pu le dire : car l'imagination ne se passionne vivement que pour ce qu'elle ne connoît pas encore. Il faut sans doute avoir quelque idée de ce que l'on desire; mais plus l'idée est vague et confuse, plus elle laisse encore à deviner, plus elle offre de prise aux recherches, aux illusions, aux rêves créateurs de notre fantaisie, plus cette idée nous ravit, nous enchante, plus l'intérêt qu'elle nous inspire enflamme nos desirs. C'est par cette raison que l'âme humaine n'a point d'extase qui soit comparable au charme dont l'enivre l'amour de dieu. (1) C'est par la même raison que plus nos passions sont extraordinaires, plus elles sont fortes et violentes. C'est encore par la même raison qu'un roman, qu'un poëme, qu'un drame nous attache d'autant plus, que nous en prévoyons moins le dénouement, et que l'auteur emploie plus d'art et de mystère à retarder, sans effort et sans ennui, la catastrophe qu'il sut nous faire desirer. C'est encore par la même raison que dans nos parcs, dans nos jardins, nous nous lassons si vîte des routes qui nous conduisent trop directement vers un but apperçu d'avance. L'activité de nos desirs a toujours besoin d'un espoir mêlé de crainte et d'inquiétude. Il n'est point de passion qui ne soit excitée par une attente plus ou moins éloignée, plus ou moins incertaine. En amour, en haine, en guerre, en poésie, en intri-

(1) L'amour humain, dit Fénélon, nous fait toujours craindre de n'être pas assez aimé; l'amour de dieu nous fait toujours craindre de n'être pas assez aimant.

gue romanesque comme en intrigue politique, on ne va jamais ni si vîte, ni si loin, que lorsqu'on ne sait où l'on va. (1)

A présent je pourrois, mon cher Hypolite, vous dire précisément le contraire de tout ce que je viens de vous dire, et peut-être vous dirois-je également vrai. Nos desirs tendent toujours vers un but déterminé. Notre imagination se plaît à suivre les routes qu'elle trouve tracées. Plus nous nous occupons à contempler un objet intéressant, plus il nous plaît, plus il nous attache. Nous n'aimons souvent que parce que nous avons aimé; nous ne haïssons souvent que parce que nous avons haï depuis long-tems. Les lieux qu'habita notre enfance, partagent, en quelque manière, la tendresse et le respect que nous portons aux auteurs de nos jours. Le plaisir de les

(1) Le mot que le cardinal de Retz prête à Cromwel est trop célèbre pour n'être pas cité: « On ne va jamais si loin que lorsque l'on ne sait où l'on va. » Cromwel fut très-offensé qu'on lui supposât ainsi une marche sans but.

revoir est une des plus douces jouissances que nous puissions éprouver dans un âge avancé. Nous croyons, comme a dit Le Mierre, nous croyons remonter le fleuve de nos ans,

> Et le cœur enchanté sur sa rive fleurie,
> Respire encor l'air pur du matin de la vie.

Ce qui nous frappe le plus agréablement dans un jardin régulier, dans un grand et bel édifice ; c'est la possibilité d'en saisir du même coup-d'œil tout l'ensemble, grâce à la liaison facile et naturelle de toutes les parties, grâce à la justesse, à l'harmonie de toutes leurs proportions. Quelque contradictoires que puissent paroître d'abord ces différentes manières de voir et de sentir, elles n'en sont pas moins dans la nature ; et votre sagacité, mon cher Hypolite, a déjà vu que la plupart de ces contradictions ne sont qu'apparentes.

Le but qui nous attire, pour être l'objet déterminé de nos vœux, de nos espérances, n'en est pas toujours mieux connu. Pour savoir le terme auquel nous desirons d'arriver, nous n'en ignorons pas moins ce que nous éprouverons, lorsque nous aurons eu le bonheur ou le malheur de l'atteindre. Si la paresse de notre imagination aime à suivre des routes toutes tracées, c'est souvent pour arriver plutôt à l'objet inconnu. Nous ne nous attachons à contempler long-tems le même objet, que dans l'attente ou dans l'espoir d'y découvrir quelque beauté nouvelle, quelque intérêt, quelque charme que le trouble ou la vivacité de nos premières jouissances ne nous avoit pas encore permis d'appercevoir. C'est le danger perpétuel de l'inconstance, à qui nous devons trop souvent tout le mérite d'une constance qui nous étonne nous-mêmes. Les lieux auxquels nous sommes habitués n'ont tant d'attrait pour nous, que parce que notre imagination s'y rappelle sans effort une foule d'objets qu'elle desire ou qu'elle regrette, parce que son sceptre magique exerçant là plus facilement son pouvoir, l'entoure à son gré de tous les fantômes qui lui plaisent. Nous sommes ravis de saisir d'un seul coup-d'œil l'ensemble d'un grand objet, parce que si nous ne pouvions pas le voir ainsi, nous ne le verrions point du tout. Il n'y a qu'une ordonnance parfaitement soutenue, parfaitement régulière, qui puisse mettre à la portée de nos perceptions des objets d'une vaste étendue, d'une masse imposante. C'est ici que l'art peut déployer impunément toute la magnificence de ses ressources, tout l'orgueil de ses lois et de sa puissance; son éclat, a dit le Virgile français,

Son éclat fait ses droits; c'est un usurpateur
Qui doit obtenir grâce à force de grandeur....

Tous les mouvemens que nous ne pouvons nous dispenser de regarder comme des mouvemens naturels de cœur humain, quelques divers qu'en soient les résultats, quelques frappantes qu'en soient les oppositions, sont presque toujours soumis aux mêmes principes, et dérivent de la même source.

Notre imagination est tout-à-la-fois active et passive, diligente et paresseuse.

Elle aime le mouvement et craint la fatigue ; elle aime le danger et craint le repos ; elle est tout à-la fois inconstante et routinière, tantôt inventive et tantôt imitatrice ; elle se plaît à s'égarer dans des routes nouvelles, et souvent à suivre le sentier le plus battu. Tout tient au degré d'activité que développèrent en elle la nature ou les circonstances ; tout dépend du degré d'intérêt qui l'anime.

Vous avez entendu répéter mille et mille fois que l'amour chérit l'égalité, mais c'est celle qui fut son ouvrage. Il est bien rare au moins qu'une passion violente ne nous rabaisse ou ne nous élève au-dessus de nous-mêmes. L'amour ne vit que de défaites et de victoires, d'hommages et d'insultes, d'adorations et de blasphêmes, de victimes et de sacrifices. Nous ne pouvons aimer avec enthousiasme que ce qui nous paroît au-dessus de nous. Le desir d'élever ses sentimens jusqu'à la hauteur de l'objet aimé, fut sans doute, dans tous les tems, la source des passions les plus sublimes et les plus ardentes ; mais le principe naturel de ces amours de roman, de ces passions chevaleresques, se retrouve quelquefois dans les liaisons les plus frivoles, dans les goûts les plus vulgaires, dans les fantaisies les plus avilissantes. Ce fut peut-être le plus sérieusement du monde que la duchesse de *** n'eut jamais que trente ans, pour le bourgeois gentilhomme qu'elle honoroit de ses faveurs. Vous avez connu, comme moi, le chevalier de ***; c'étoit dans le monde un homme assez aimable, quoique très-froid et très-caustique. Il ne pouvoit retrouver le charme de son existence auprès de la dernière des créatures, qu'en se dévouant à lui rendre humblement tous les respects et tous les services de la plus malheureuse des servantes, et plus il en éprouvoit d'outrages et de mauvais traitemens, plus il touchoit au bonheur suprême.

Je ne vous conseillerai jamais, mon cher Hypolite, d'essayer de pareils rafinemens de volupté, pas même lorsque vous aurez soixante ans comme notre triste chevalier. Mais un calcul ou plutôt une disposition naturelle dont je m'applaudis encore, c'est d'avoir prêté toujours aux femmes que j'ai aimées tous les charmes, toutes les vertus, tous les sentimens dont j'étois idolâtre, de les avoir élevées à leurs propres yeux par mes procédés, par mes égards, par mon estime, par tous les hommages du culte le plus tendre. Ainsi je n'avois nul besoin de m'abaisser pour les voir au-dessus de moi, pour les servir, pour les adorer, sans courir le risque de m'avilir moi-même. Ces illusions si délicieuses ont eu quelquefois malheureusement fort peu de durée; mais grâces à l'amour, il n'en est aucune dont le souvenir m'afflige d'un reproche, il n'en est aucune qui ne me laisse encore des regrets, ce dernier bonheur d'une imagination trop sensible.

Il n'y a que ce que nous voyons au-dessus de nous que nous puissions aimer avec enthousiasme. Il n'y a peut-être que ce que nous voyons au-dessous de nous que nous aimions avec tendresse. Le sentiment qui naît de l'égalité, plus doux, plus foible, plus paisible, a peut-être plus d'intimité, plus de constance; mais l'égalité n'est jamais parfaite. Deux êtres qui se ressembleroient sous tous les rapports, s'ils pouvoient se rencontrer jamais, n'éprouveroient l'un pour l'autre qu'un sentiment assez bisarre. Ce seroit de l'amour-propre bien plutôt que de l'amour. S'il paroît à-peu-près impossible de trouver deux êtres qui se ressemblent parfaitement, ce qui l'est, je crois, encore davantage, c'est de trouver deux êtres qui s'aiment ou s'estiment au même degré. Dans ce genre, un marché tout-à-fait égal est la plus extravagante de toutes les chimères. Il n'est point de sentiment qui ne fasse, à quelque prix que ce puisse être, un fripon et une dupe; mais ce qui nous console de cette fatalité, c'est qu'en fait de sentiment être dupe, c'est jouir assurément de l'avantage le plus réel.

Toutes les jouissances que nous devons à l'imagination sont presque autant d'erreurs. Comme elles forment la meilleure partie de notre existence, on n'a pas eu tant de tort de dire, que ce beau mensonge de la nature étoit préférable à la vérité souvent si triste et si monotone. Choisir des erreurs aimables, choisir des erreurs heureuses, en varier, en prolonger la durée, sera donc dans tous les âges un des plus doux emplois de notre expérience et de notre sagesse.

Je ne crois pas savoir mieux que tant de philosophes qui n'en savoient rien, quelle fut l'intention de la nature en nous formant tels que nous sommes. Mais je ne puis songer à tous les effets de l'imagination; à tous ses mouvemens, tantôt si sublimes et tantôt si bisarres; à son extrême puissance ; son extrême foiblesse, sans me persuader que c'est là le talisman dont la nature se sert pour nous conduire à son gré vers l'objet de ses vastes desseins. L'imagination est le véritable foyer de tous genres d'activité dont l'homme paroît susceptible. C'est elle qui, lui montrant toujours le but au-delà du terme que ses derniers efforts ont atteint, prolonge sans cesse la durée de sa carrière, et l'entretient, pour ainsi dire, dans le mouvement d'une attente ou inquiétude perpétuelle. Les intervalles de sommeil ou de repos qu'elle lui laisse, (et parmi ces intervalles, je compte aussi les tems de langueur, de dégoût, d'ennui,) ne semblent destinés qu'à réparer ses forces, à les raviver, à leur donner tantôt un nouvel élan et tantôt une direction nouvelle. Je ne déciderai donc point si l'imagination est de toutes nos facultés celle qui contribue le plus à nous rendre heureux ou malheureux; mais je ne puis douter qu'elle ne hâte, plus qu'aucune autre, le développement de toutes nos forces, qu'elle ne multiplie dans un degré très-étonnant la première somme d'existence que nous tenons de la nature, et ne serve à remplir ainsi la plus haute opinion que nous puissions nous former de notre destinée.

Ce qui me paroît encore d'une évidence assez sensible, c'est que notre imagination nous offre le plus souvent elle-même tous les secrets, toutes les ressources que l'irrégularité de sa marche, la violence et le tourment de ses agitations nous rendent si nécessaires. Le desir, le besoin de voir l'ensemble qu'elle ne peut saisir autrement, lui fait appeler l'ordre au milieu de la confusion dont l'environnent trop souvent le trouble et la rapidité de ses premières idées. Si l'espace qu'elle veut embrasser n'est jamais assez vaste à son gré, c'est elle-même qui se charge de l'étendre ou de le créer. Tout ce que la magie de ses miroirs nous fait découvrir d'objets intéressans dans le cercle le plus borné, prête à ce même cercle une étendue infinie. L'extrême vivacité de ses enchantemens efface quelquefois dans un instant les impressions qu'elle seule excite ; mais dont la durée nous eût fait mourir de douleur et de désespoir. C'est enfin de toutes les puissances de notre être la plus forte, la plus irrésistible, mais heureusement aussi la plus mobile, la plus souple, la plus élastique, la plus tyrannique et la plus complaisante.

Il n'est pas étonnant sans doute que les plaisirs les plus habituels de l'imagination s'accordent si bien avec les règles de la poésie, avec la théorie générale de tous les beaux arts; ces règles, ces théories n'ayant été tracées que d'après elle, par elle et pour elle. Je ne puis cependant m'empêcher d'admirer avec quelle suite, avec quelle constance, une faculté d'ailleurs si susceptible d'erreurs, de légéreté, de mouvemens soudains et impétueux, de bisarreries de tout genre, cherche toujours, dans ses conceptions même les plus étranges, une sorte d'accord et d'unité. Comme pour amuser la curiosité de ses desirs, la variété d'objets la plus inépuisable ne l'est pas encore assez, l'idée la plus compliquée, la fiction la plus ingénieuse ne l'occupent et ne l'intéressent qu'autant qu'elle y voit une certaine justesse de rapports, un certain ensemble. L'ensemble a pour elle l'effet de la vérité; mais tout ce qui ne l'a pas, elle refuse de le croire, elle ne daigne pas même le concevoir.

J'ai souvent remarqué que dans nos songes, les seuls rêves que nous soyons disposés à retenir, les seuls qui nous fassent une impression vive, une impression souvent plus forte que la réalité même, ont toujours ce caractère décidé d'ensemble, de vérité théâtrale ou poétique sans lequel le mensonge le plus heureux ne sauroit nous persuader ou nous séduire. Ainsi Voltaire, voulant rêver qu'il avoit eu le bonheur de faire accepter ses vœux à la sœur d'un héros, n'avoït pas manqué de rêver d'abord qu'il disposoit d'un grand empire......

DIX-SEPTIÈME LETTRE.

Il est un tour particulier d'imagination pour lequel nous n'avons point de mot propre dans notre langue, et pour lequel les Anglois en ont un très-expressif, *humour*. C'est une disposition de l'âme dans laquelle, sans avoir toute la chaleur de l'enthousiasme, sans avoir toute l'action de la verve poétique, nos idées sortent cependant de leur sphère habituelle, prennent un caractère plus saillant, plus singulier, plus original et qui reçoit toujours une teinte plus ou moins vive, plus ou moins décidée de l'humeur triste ou gaie qui nous domine. (1) Dans cette disposition, l'esprit s'élève volontiers au-dessus de l'usage et des convenances ordinaires ; sans les blesser absolument, il s'en joue, les brusque ou les néglige ; il se plaît dans sa douce in-

---

(1) « Character alone, says Campbell, is the subject of the former (humour), whereas all things whatever fall within the province of the latter (wit). Secondly humour paints more simply by direct imitation, wit more variously by illustration and imagery.... The subject of humour is always character, but not every thing in character, its foibles generally. »

TRADUCTION.

« *Le caractère et le caractère seul, dit Campbell, tient essentiellement au premier*, (à L'HUMOUR) *tandis que toutes les autres choses sont du ressort du second* (de l'esprit, WIT.) *En second lieu*, l'HUMOUR *peint plus simplement par un trait direct*, *l'*ESPRIT *d'une manière plus variée par les images et l'expression.... Le caractère est toujours lié à* l'humour, *mais non pas tout ce qui compose le caractère, ses foiblesses, par exemple ; généralement parlant.* »

dépendance et laisse échapper, avec un extrême plaisir, comme avec une extrême facilité, l'expression la plus sincère, la plus ingénue du sentiment ou de l'idée qui l'affecte, celle des nuances même les plus individuelles de la manière dont il est affecté. L'espèce de surprise qu'excite cette franchise, cet abandon, cette singularité n'en est point le moindre charme. Mais il n'est pas besoin d'ajouter que de tous les genres d'esprit c'est celui qui s'acquiert et qui s'imite le moins. On ne pardonne guères à l'étrange manie de faire de l'esprit. Une manie beaucoup plus étrange, beaucoup plus insupportable encore, est celle de faire du naturel ou de la naïveté. Le tour d'imagination que nous avons essayé de définir, ne sauroit être supporté, lorsqu'il n'est pas, non-seulement très-naturel, mais tout-à-fait original, tout-à-fait involontaire.

Nous serions bien étonnés, si les Anglois même ne trouvoient pas beaucoup de ce qu'ils appellent *humour* dans Rabelais, dans La Fontaine, dans plusieurs scènes de

Molière, dans quelques scènes de Regnard et sur-tout dans son style, dans les chansons de Collé, dans différens morceaux de Le Sage, dans la plupart des romans philosophiques de M. de Voltaire. Cependant j'ose croire que ce caractère particulier de l'esprit et de l'imagination n'est pas aussi commun en France qu'il l'est en Angleterre, du moins dans nos productions écrites; car il ne laisse pas de percer assez souvent dans les saillies de nos conversations.

L'influence de l'esprit de société se fait remarquer d'une manière beaucoup plus sensible dans les écrivains de la nation françoise que dans ceux d'aucune autre. Chez elle les gens de lettres vivent beaucoup plus dans le monde. Le frottement habituel de la société donne à l'esprit plus de grâce et de politesse, plus de sévérité de goût, qu'il n'en peut acquérir dans la retraite et dans la solitude. Mais tous ces avantages lui font perdre aussi quelque chose de son énergie et de sa liberté, lui imposent plus de ménagement, plus de réserve, plus de contrainte. Le desir et la nécessité de plaire à tout le monde l'empêchent d'être lui-même, de se livrer à son propre essor. La crainte de blesser les affections particulières des autres, l'oblige souvent à cacher, à dissimuler les siennes. Il efface continuellement son amour-propre, de peur qu'il ne soit trop rudement heurté dans la foule de ceux qui l'entourent. De pareils soins, une pareille étude ne s'allient pas facilement à l'indulgence, que sollicite cette humeur de l'esprit dont nous parlons. Elle peut s'échapper quelquefois dans la saillie d'un mot heureux, parce que l'usage du monde en sait adoucir ou prévenir l'impression. Mais ce même usage du monde nous fait trop sentir le danger qu'il y auroit d'en laisser prendre l'habitude, au milieu d'une société dont les mœurs sont si susceptibles et la sensibilité si vive.

Il est encore assez évident, je pense, que le génie de la langue françoise n'est pas très-favorable à ce genre d'esprit ou d'imagination, pour lequel nous n'avons pas même de mot propre. C'est une langue essentiellement sage et raisonnable, je dirois volontiers prude et timide, quoiqu'on ait eu souvent le merveilleux secret de lui prêter un tout autre caractère, une toute autre physionomie. L'accent naturel de cette langue est grave et lent; sa syntaxe, extrêmement méthodique et logicienne; ses tours sont simples, d'une grande précision, d'une grande délicatesse, mais aussi d'une assez grande uniformité. Ce n'est qu'à force de talent et de génie qu'on parvient à lui donner plus ou moins de souplesse, plus ou moins de variété. L'*humour* ne doit pas trouver un pareil instrument très-flexible ou très-commode pour le caprice et la singularité de ses modulations.

Si ce tour particulier de l'esprit dépend quelquefois d'un mouvement extraordinaire de gaîté, peut-être est-il plus souvent encore le produit d'une humeur chagrine ou de la secousse qui nous fait passer subitement d'une de ces dispositions à l'autre. Il est donc assez naturel que l'*humour* tire aussi sa véritable origine de la patrie du *Spleen.* Le pauvre Cahusac disoit : « Les vapeurs sont une chose bien fâcheuse, car elles font voir les choses comme elles sont. » Ne seroient elles pas, par la même raison, une chose assez piquante, lorsqu'elles font dire aussi les choses comme elles sont, en dépit de la dissimulation habituelle, propre à nos mœurs, à nos usages, à nos préjugés ? Les indiscrétions de ce genre doivent être souvent des éclairs d'une philosophie profonde, d'une originalité de sentiment très-plaisante ou très-remarquable.

DIX-HUITIÈME LETTRE.

Je terminerai cet essai par la discussion la plus épineuse, mais aussi la plus importante, celle de l'influence de l'imagination sur les idées religieuses, ou de l'influence des idées religieuses sur l'imagination. Il faut me pardonner d'avance de ne considérer cette grande question que sous un rapport purement philosophique, puisque ce n'est que sous ce rapport qu'elle peut appartenir au sujet dont je m'occupe.

Je trouve dans les dogmes essentiels de la religion quelque chose de si sublime et de si consolant, quelque chose qui convient si parfaitement aux besoins d'un cœur pur et sensible, d'une imagination vive et tendre, que la même puissance, à qui nous devons ces heureux besoins, ne pouvoit se dispenser, ce me semble, de nous accorder aussi la faveur d'une ressource à-la-fois si céleste et si nécessaire. En respectant, comme je le dois, toutes les révélations positives d'une autorité bien prouvée, il m'est impossible de ne pas croire qu'il en est de plus générales ou de plus communes, qui, pour être fort naturelles, n'en sont pas moins divines. Les vrais élans du cœur ou de l'imagination ne nous viennent-ils pas du ciel, comme les inspirations les plus extraordinaires, les plus miraculeuses?

La partie de la religion, qui paroît avoir

le plus de rapports avec l'imagination, est celle du culte. Et c'est peut-être aussi cette partie de la religion que la sagesse de l'Être suprême semble avoir laissé diriger le plus arbitrairement, tantôt aux convenances, tantôt aux fantaisies de l'esprit humain.

Il eût été fort à désirer que la philosophie de nos législateurs n'eût jamais oublié combien les formes du culte, sans lequel il n'y a point de religion pour le peuple, pouvoient servir tout-à-la-fois et la morale publique et la morale particulière, premiers principes de toute législation heureuse et raisonnable. Le malheur de s'être trompé dans le choix de ces institutions religieuses est d'autant plus grand, que tout ce qui tient au culte de la divinité devant frapper l'imagination de quelque chose d'éternel, de nouveaux usages, de nouvelles cérémonies manquent presque toujours de ce caractère solennel qu'inspire naturellement l'empreinte vénérable d'une haute antiquité. C'est ce qui détermina sans doute les pères de la doctrine la plus sainte et la plus spirituelle qu'on ait jamais enseignée aux hommes, à lier les rites de leur nouveau culte à ceux des religions dont l'origine véritable ou fabuleuse remontoit aux premiers âges du monde.

Certes, ce fut une grande et belle idée que celle de consacrer, par des actes religieux, toutes les époques importantes de la vie, l'époque de notre naissance, l'époque de nos premiers engagemens avec la société, les principaux labeurs de l'année, leurs plus riches récompenses, la dignité du lien conjugal, le dernier terme de notre existence actuelle. Il n'est aucune maxime essentielle au bonheur des hommes, qu'il n'eût été facile d'attacher à quelqu'un de ces actes religieux, de manière qu'elle eût produit, sur l'imagination, l'impression la plus vive et la plus profonde. Je n'examinerai point si cet effet existe, comme il pourroit exister dans le culte des religions dominantes de l'Europe. Je me permettrai seulement d'observer, combien il seroit à desirer que, sous ce rapport du moins, nos grands théologiens eussent encore été tout-à-la-fois de bons philosophes et d'excellens poëtes......

Cœtera desunt.

ADDITION

A LA SIXIÈME LETTRE.

Pour notre sensibilité, pour notre imagination, la différence d'une peine légère, d'un obstacle commun, à une très-grande peine, à un très-grand obstacle, n'est pas toujours, à beaucoup près, aussi remarquable qu'on seroit tenté de le croire. Ainsi le simple jugement de nos yeux n'est pas toujours très frappé de la différence d'une montagne ordinaire aux plus hautes montagnes, de l'étendue bornée d'un lac à l'immensité des mers.

La nature nous a doués d'une mesure de capacité, de susceptibilité dont nous ne calculons guères le mouvement ou la résistance, en raison des difficultés, de la grandeur ou de l'importance des objets auxquels nous l'appliquons. Les petites contrariétés ne nous affectent quelquefois avec tant de violence, que parce que nous n'avons pas jugé qu'il fût nécessaire de leur opposer le moindre effort. Nous résistons mieux aux plus grands malheurs, parce que nous avons mieux senti la nécessité de nous y préparer, parce que notre courage se trouve soutenu par l'idée d'un plus grand intérêt, par le sentiment flatteur de notre propre puissance, de notre propre dignité.

Comme il est des partis désespérés, il y a peut-être aussi beaucoup de résolutions courageuses, beaucoup d'actes d'héroïsme et de résignation qui ne sont dus qu'à ce vague, à cette incertitude de nos apperçus, au moral comme au physique.

S'il est des objets que la foiblesse de notre vue grossit prodigieusement, il en est aussi qu'elle diminue par la même illusion, uniquement faute de pouvoir embrasser leur juste, leur entière étendue. Ce qui passe de certaines limites est hors de la portée de nos douleurs, comme de nos jouissances.

Le développement de ces idées offriroit,

je pense, de nouvelles raisons d'admirer l'égalité réelle observée par la nature, dans la distribution la plus commune des biens et des maux de l'humanité.

LETTRE

A M. LAVATER,

Pour servir de suite aux Lettres sur l'Imagination.

Vous m'avez lu, mon cher Lavater, avec plus d'indulgence que je n'osois en attendre et de la sévérité de votre génie et de la gravité des occupations auxquelles vous avez consacré votre vie entière. J'en rends grâce à notre ancienne amitié. Mais quelque doux qu'il soit de jouir de vos suffrages, j'aime encore mieux profiter de vos critiques, et ce n'est que pour y chercher de nouvelles lumières que je veux essayer de les discuter avec vous.

Vous me reprochez de n'avoir pas assez défini l'imagination, de ne l'avoir pas assez distinguée de toutes les facultés avec lesquelles on est trop souvent dans l'habitude de la confondre. Je commencerai par vous dire que je n'ai fait mon livre que pour tâcher d'arriver un jour à la définition que vous desirez. J'ai voulu d'abord rappeler l'attention de mes lecteurs à l'étude d'une faculté qui doit avoir la plus grande influence sur le développement de nos idées, de nos sentimens, et dont on a trop négligé jusqu'ici, je crois, d'observer la marche et les procédés, principalement sous ce rapport essentiel.

Lorsqu'on fait un systême, on peut bien débuter par définir, parce qu'alors on sait tout, ou que l'on croit tout savoir, ce qui revient souvent au même ; mais lorsqu'on s'attache à méditer un sujet, à l'étudier ou dans son ensemble, ou dans quelques-unes de ses parties, la définition est le dernier point où l'on arrive, et quelquefois il faut bien se borner à ne l'entrevoir que de loin. Dans les ouvrages qui tiennent de ce dernier genre d'études, donner d'abord la définition, ce seroit vouloir placer, ce me semble, le dénouement de l'intrigue à la tête du drame, ou commencer le roman par la catastrophe.

Toutes les fois que le sujet qu'on médite n'est pas assez connu, les efforts que l'on fait pour en déterminer d'avance les limites, ne servent qu'à circonscrire la pensée, à la renfermer dans des formes méthodiques, à lui donner un point de vue arbitraire, absolument factice, et qui nous empêche de rencontrer celui de la nature même. Dès-lors on n'ose plus sortir de ce cercle imaginaire, on écarte tout ce qui n'y sauroit entrer. On tâche de rapporter tout, bien ou mal, à ce premier centre de vision systématique.

En considérant l'imagination sous plusieurs rapports différens, dans sa marche la plus commune et la plus habituelle, dans quelques-uns de ses effets les plus frappans, les plus singuliers, je suis loin de penser en avoir dit, même à beaucoup près, ni ce qu'on en pouvoit, ni ce qu'il en falloit dire ; mais j'ose presque me flatter de ne lui avoir jamais attribué du moins ce que l'usage ou l'expérience ont décidé devoir appartenir à d'autres facultés.

Je l'ai distinguée de la mémoire qui n'est qu'un registre de signes, plus ou moins clair, plus ou moins étendu. La mémoire est, je pense, de tous les instrumens qui sont à la disposition de notre pensée et de notre volonté, celui que l'on connoît le mieux, parce qu'il est soumis au mécanisme le plus constant, le plus régulier. De simples signes, soit naturels, soit convenus, sont bien plus faciles à fixer, à déterminer avec exactitude que des pensées, des sentimens ou des images. On peut en retenir un plus grand nombre à-la-fois, et se les rappeler, par la même raison, avec infiniment plus de prestesse et de facilité. L'usage de la mémoire est un véritable jeu ; aussi les enfans apprennent-ils de très-bonne heure et sans beaucoup de peine. L'usage de la mémoire supplée en apparence, et même à quelques égards très-réellement, à celui de toutes les autres facultés de notre âme ; aussi beaucoup d'hommes jugent-ils à propos de s'y borner toute leur vie.

L'esprit qui consiste sur-tout à saisir des rapports, à les saisir promptement, et à les combiner d'une manière ingénieuse, s'occupe encore moins souvent des idées que de leurs signes ; le rapprochement des idées même lui prend trop de tems, et ne satisfait pas assez la rapidité naturelle de son action. Quelque raisonnablement que l'on parle ou que l'on écrive, il est très-rare que l'on pense dans le moment ce qu'on a l'air de penser, que l'on voie ce que l'on prétend voir, que l'on imagine en effet ce que l'on tâche de faire imaginer aux autres. La plupart des hommes n'existent que de souvenirs, si j'ose m'exprimer ainsi, purement mécaniques, d'impulsions aveugles, d'habitudes imitées et répétées machinalement. L'homme pensant la pensée la plus simple, s'efforçant seulement de la concevoir toute entière, d'une manière déterminée, avec plus de clarté du moins, est déjà sorti de l'ordre vulgaire. Marivaux disoit : « Il y a fort peu de gens qui soient de leur avis. » C'est parce qu'il n'est pas très-commun de tenir en effet la pensée même à laquelle on a l'air d'être le plus attaché, dont on se joue avec la facilité la plus aimable dans ses écrits, dans ses discours, que l'on prend le plus habituellement pour règle de ses actions et de sa conduite.

De toutes nos facultés, celle qui prête le moins aux illusions, aux méprises de tout genre, c'est le sentiment. Quoiqu'elle ne soit pas exempte d'erreur, sa marche cependant est toujours la plus sûre et la plus vraie. Nous pouvons avoir tort de sentir ce que nous sentons ; mais il est toujours certain que nous éprouvons le sentiment que nous éprouvons ; et c'est peut-être encore à cette épreuve que nous sommes réduits à soumettre, en dernier ressort, le résultat de toutes les autres opérations de notre entendement.

Je n'ai rien dit sur l'imagination qui ne prouve, ce me semble, assez clairement que j'entendois par cette faculté le double pouvoir que nous avons de recueillir et de reproduire l'image de nos perceptions, de nos sentimens, de nos pensées même ; car, en est-il qui ne se composent d'objets que nous croyons appercevoir, et dont nous n'aurions jamais conservé le souvenir, si nous ne nous en étions pas fait une image quelconque? L'action de cette faculté nous est beaucoup moins connue que celle de la mémoire et de l'esprit ; l'analyse en est beaucoup plus difficile, mais les effets ou les résultats en sont aussi tout-à-la-fois plus variés, plus merveilleux, plus certains. Comme il est sûr que nous sentons ce que nous croyons sentir, il ne l'est pas moins que nous imaginons tout ce que nous croyons imaginer. C'est, s'il m'est permis d'en croire ma propre expérience, c'est la sensation de notre vue intérieure ; elle nous présente souvent les objets sous un jour qui nous trompe, mais les illusions qu'elle nous fait éprouver, n'en existent pas moins réellement pour nous. Il n'est aucun de nos sens, enfin, dont les impressions puissent nous laisser moins de doute.

Comme les idées que nous concevons avec chaleur, les sentimens que nous éprouvons avec une sorte d'énergie, sont tous susceptibles d'images, par une raison fort simple; c'est qu'ils résultent toujours ou de la vive empreinte d'un seul objet, ou de la comparaison de plusieurs objets réunis que notre imagination nous présente à-la-fois de la manière la plus propre à nous saisir, à nous frapper. Tout ce qui ne s'offre point de cette manière à notre attention, tout ce que nous ne pouvons offrir à l'attention des autres, avec le même avantage, se perd dans le vague et demeure sans effet. (1)

Cette seule considération ne suffiroit-elle pas pour faire sentir l'extrême influence que doit avoir l'imagination sur le

---

(1) Les idées de nombres, les quantités abstraites ne sont pas susceptibles d'image à la vérité; mais encore se gravent-elles mieux dans notre mémoire, lorsqu'elles y sont marquées par des signes clairs, par des signes déterminés d'une manière distincte et frappante.

développement de toutes nos facultés intellectuelles ? Nous avons dit que l'action de ce sens intérieur ne consistoit pas seulement à recueillir l'image de nos perceptions, de nos idées, de nos sentimens, mais encore à la reproduire, à la recomposer, tantôt au gré de sa propre fantaisie, tantôt suivant les lumières de notre esprit ou les besoins de notre cœur. C'est ce qui fait de l'imagination un pouvoir d'une si grande étendue, d'une si riche fécondité, l'émanation la plus admirable du principe créateur. Voilà ce qui me persuade que s'il est un moyen d'étendre les progrès de l'intelligence humaine, on le trouveroit sans doute dans l'étude plus approfondie, dans la culture plus attentive et plus soutenue d'une faculté, dont on ne s'est guères occupé jusqu'ici, que relativement aux tourmens qu'elle nous cause, aux délices qu'elle nous procure, sous le charme des passions et dans l'empire des arts.

Il ne faut jamais décourager les efforts que l'on pourroit tenter pour aggrandir le cercle borné de nos vues et de nos idées;

mais peut-être aussi ne faudroit-il pas se livrer non plus à des espérances trop orgueilleuses. L'activité même de votre esprit, toute l'ardeur de votre imagination ne sont-elles pas atterrées par la seule pensée que, depuis deux ou trois mille ans, des talens aussi rares, aussi sublimes que ceux de Virgile, du Tasse, de l'Arioste, de Milton, n'ont guères eu que la gloire de transporter dans leur langue, et d'adapter au génie de leur siècle et de leur pays les grands tableaux du vieil Homère, sa marche poétique, et ses nobles fictions? Il est vrai que de toutes les parties de l'imagination, la plus rare est celle d'inventer de nouveaux rapports moraux, de nouvelles combinaisons de faits et d'événemens, de caractères et de passions, des combinaisons qui soient tout-à-la-fois singulières et naturelles, merveilleuses et vraisemblables.

Les inventions les plus ingénieuses, les plus hardies de l'esprit humain sont aussi celles qui échappent le plus à notre empire. Plus elles s'élèvent au-dessus de notre sphère habituelle, moins nous avons de moyens de les arrêter ou de les diriger. Telle est la brillante fusée d'un feu chinois, le merveilleux essor d'un ballon aérostatique, peut-être encore, s'il est permis de le dire, la puissance éblouissante de nos nouvelles théories sociales.

Une autre expérience non moins affligeante pour l'honneur du genre humain, de celui du moins dont nous connoissons l'histoire, c'est qu'après avoir atteint déjà deux ou trois fois le même degré de civilisation, retombant bientôt après dans les ténèbres de la barbarie, lorsqu'il en est ressorti de nouveau, l'expérience et les progrès de la première époque ont été comme perdus pour l'époque suivante. Le siècle d'Auguste a recommencé le siècle d'Alexandre; celui de Léon X et celui de Louis XIV ont recommencé les deux premiers, et n'en ont pas été plus loin; peut-être même leur éclat n'a-t-il été ni plus long, ni plus durable. Cependant les monumens de ces premiers siècles de lumière et de gloire, subsistoient encore en grande partie pour l'exemple et l'instruction des derniers. Seroit-il donc vrai que les passions qui seules peuvent élever l'homme à un certain degré de perfection, détruisent bientôt elles-mêmes leur ouvrage. On a tenté plus d'une fois de rétablir les fondemens de la tour de Babel; mais le moment où l'on se flatte d'achever le superbe édifice, est celui-là même où la main terrible du destin se joue de notre orgueil, et le renverse.

On peut bien avoir été plus loin de nos jours dans quelques sciences de fait et d'observation, en physique, en histoire naturelle, en chymie. Mais en morale, en politique, en poésie, en fictions proprement dites, qu'ont ajouté tant de siècles aux heureuses productions de l'antiquité ? Que ne trouve-t-on pas dans la Bible, dans Homère, dans Aristote, dans Esope et les Mille et une Nuits ? Il y a, dit Fontenelle, une certaine mesure de connoissances utiles, que les hommes ont eu de bonne heure, à laquelle ils n'ont guères ajouté, et qu'ils ne passeront guères, s'ils la passent.

L'imagination fournit aux talens, au génie tant de ressources, tant de moyens, tant de richesses, que l'on risque souvent de confondre leurs différentes fonctions; elles n'en sont pas moins très-distinctes. L'imagination est, pour ainsi dire, la mine et le foyer de toutes les autres facultés de notre âme. Le talent les produit au jour et les met en œuvre; l'heureuse facilité de l'emploi qu'il en fait, dépend sans doute d'abord des dispositions données par la nature, mais s'acquiert aussi quelquefois, et n'atteint jamais toute la perfection dont elle est susceptible, qu'à force d'art et d'habitude. Ce qui distingue essentiellement le génie, c'est l'invention. On a dit que c'étoit le feu céleste ravi par Prométhée. Il semble en effet que ce soit une puissance hors des limites habituelles du pouvoir humain.

Il est un génie pour la mémoire, pour

l'esprit, comme il en est un pour l'imagination, pour le sentiment. Le génie de la mémoire invente des signes nouveaux, des signes mieux adaptés à chaque impression de notre souvenir, propres à nous les rappeler avec plus de promptitude, avec plus de vivacité. Le génie de l'esprit voit des rapports de signes et d'idées inconnus jusqu'alors, trouve de nouvelles combinaisons, et crée de nouvelles méthodes. Le génie du sentiment éprouve et saisit des sentimens que lui seul pouvoit appercevoir, dont lui seul pouvoit se rendre compte à lui-même; tantôt il généralise les affections les plus simples; tantôt il individualise, de la manière la plus neuve et la plus intéressante, les affections les plus communes et les plus générales. Pour ces rapports inapperçus, pour ces conceptions neuves, pour ces sentimens plus sublimes ou plus délicats, plus étendus ou plus énergiques, le génie de l'imagination trouve des images, des formes, des couleurs plus vives, plus variées, plus harmonieuses ; c'est la flamme enfin qui ranime, vivifie, recrée tout ce que peut pénétrer sa divine influence.

La rêverie n'est qu'une manière d'être de l'esprit ou de l'imagination, mais qui semble convenir encore mieux à cette dernière faculté. Elle prend, comme nous l'avons remarqué, des caractères assez distincts, et qu'il seroit bien important de suivre et d'observer avec plus de soin, dans l'état de veille, dans l'état de sommeil, et dans cet état mitoyen entre la veille et le sommeil si bien dépeint par Thompson.

By the vocal woods and waters lull'd
And lost in lonely musing, in the dream,
Confus'd, of careless solitude, where mix
Ten thousand wandering images of things
Soothe every gust of passion into peace ;
All but the swellings of the sosfen'd heart
That waken, not disturb the tranquil mind... (1)

THOMPSON'S SEASONS. *Spring*. v. 457.

---

(1) Assoupi par les échos des bois et les murmures des eaux, absorbé dans une méditation solitaire, rêvant doucement, et sans desseins, puisse-tu confondre et réunir mille images agréa-

Vous ne voulez point permettre que l'on confonde avec les actes habituels de l'imagination ce qu'on appelle vision, pressentiment, présage, divination. Je respecte autant que vous, mon excellent ami, ce qui, dans ce genre, doit être regardé comme un miracle bien prouvé, comme une suite évidente de quelque intervention marquée de la divinité même. Mais qu'est-ce qui nous empêchera, je vous prie, de voir dans les visions, dans les pressentimens, dans les présages d'un ordre plus humain, le résultat d'une exaltation particulière de l'imagination causée par une plus forte ou plus longue tension du systême nerveux, par une tenue extraordinaire d'attention, une abstraction totale de nos autres sens; l'effort d'un mouvement subit, par le charme d'un

---

bles, émousser tous les traits des passions dans le calme et la paix, et ne souffrir dans ton cœur que les tendres émotions; sentiment pur, également ennemi de la léthargie de l'âme et du trouble de l'esprit.

Saisons de Thompson. Chant du printems.

grand intérêt ou l'instinct singulier d'une longue habitude.

Il est bien vrai que les rêveries de Swedenborg sur le ciel et les enfers ne m'ont jamais paru d'une imagination fort heureuse ou fort brillante ; mais comme il y a des caractères d'esprits foibles et froids qui n'en sont ni moins décidés ni moins opiniâtres, ne pourroit-il pas exister des caractères d'imagination de la même trempe ?

La foi sans doute est plutôt un acte de l'esprit ou du cœur que de l'imagination ; mais le feu de l'imagination peut enflammer nos idées et nos sentimens au point de les porter à ce degré de conviction et d'influence active qui, sous certains rapports, du moins, semble n'appartenir qu'à la foi religieuse. Il est telle idée qui, rechauffée par les seuls prestiges de l'imagination, exalte tellement notre courage ou notre confiance naturelle, qu'elle nous rend capables d'actions qui surpassent de beaucoup la portée de nos forces habituelles, qui tiennent véritablement du prodige.

L'imagination, comme la foi, sait aussi quelquefois transporter les montagnes, élever jusqu'au cieux les plus humbles collines, et de son vol hardi franchir la cime la plus élevée des Alpes. Comment nier donc que la foi la plus sainte ne puisse en tirer aussi de grandes ressources. Personne, en vérité, n'auroit plus de tort que vous de ne pas en convenir, vous, mon cher Lavater, qui ne cessez de faire servir l'imagination douce et vive que vous avez reçue du ciel, à répandre sur les sublimes vérités de la religion la lumière la plus aimable et la plus touchante.

Après avoir tâché de définir et de distinguer les différentes facultés de notre entendement, ou plutôt les différentes modifications dont notre faculté pensante paroît susceptible, gardons-nous d'oublier qu'elle les éprouve tantôt isolément, tantôt successivement et tantôt d'une manière simultanée. Nos sens, notre mémoire, notre esprit, notre imagination poursuivent tour-à-tour le même objet; mais quelquefois aussi tous ces pouvoirs de notre pensée semblent se réunir pour l'envelopper en même-tems de tous les points où leurs efforts sont à même de l'atteindre, et de l'embarrasser ainsi dans toute son étendue. Peut-être est-ce de cette réunion rare et subite que naissent les apperçus du génie, ses combinaisons imprévues, ses plus étonnans prodiges; peut-être est-ce l'éclair de sa puissance créatrice.

Il faut bien distinguer par nos abstractions méthodiques ce que notre foible vue ne sauroit distinguer autrement; mais on risque fort de tomber dans d'étranges erreurs, lorsqu'on s'attache trop long-tems à voir des détails isolés où la nature ne nous montre jamais que l'ensemble, un ensemble dont l'effet tient beaucoup moins aux parties qui le composent, qu'à l'ordre mystérieux de leur composition.

FIN.

TABLE
DES MATIÈRES.

Fin de la Table des matières.

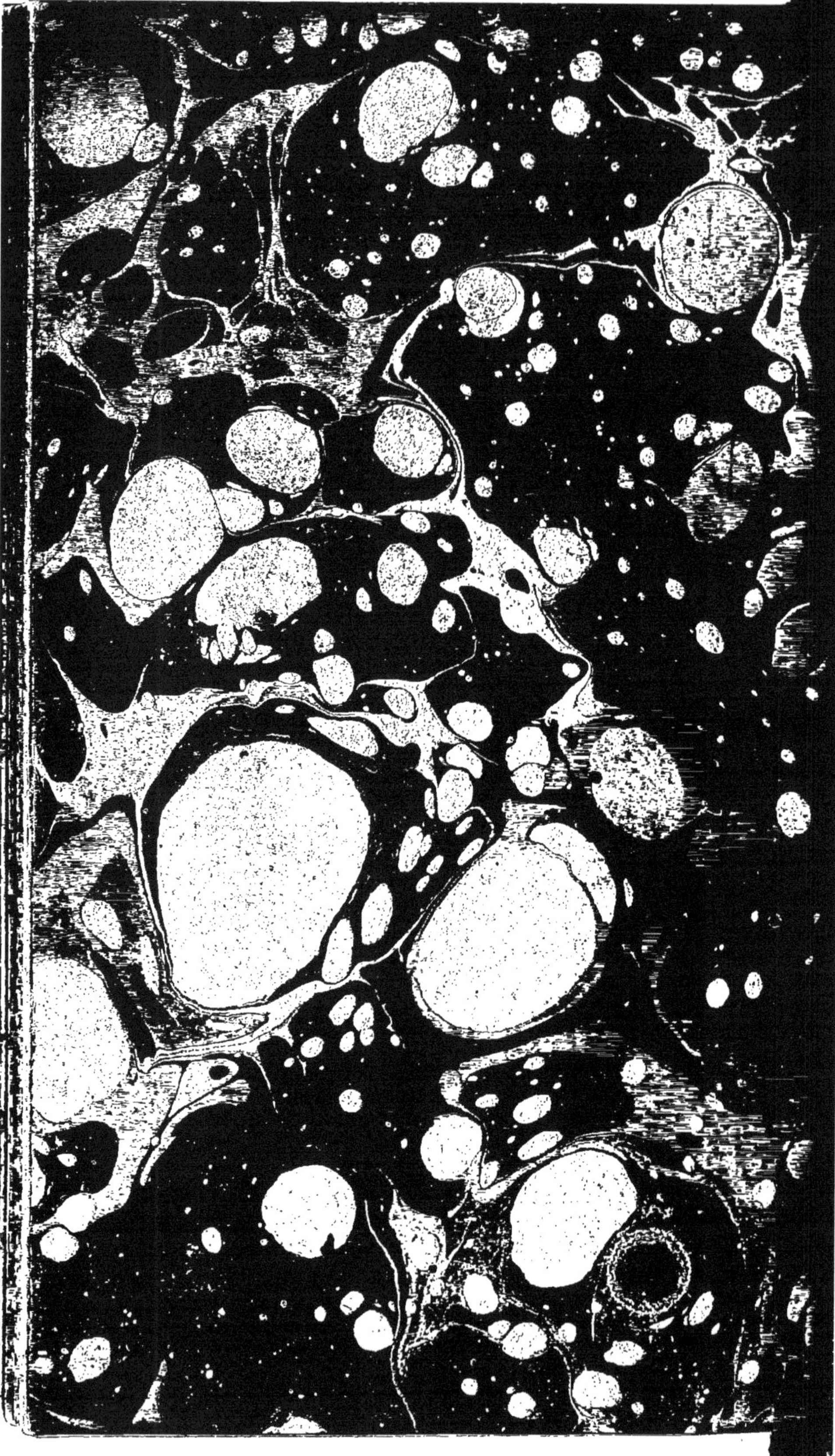